# Wildkräuter
## Delikatessen

Susanne Till

# Wildkräuter Delikatessen

Einfach & sicher bestimmen
Köstlich & raffiniert zubereiten

Residenz Verlag

Ich danke meinem Mann, dem Botaniker Dr. Walter Till, für die tatkräftige Hilfe bei vielen Sammelgängen für die Rezepte in diesem Buch. Großer Dank gebührt auch Dipl.-Ing. Wolfgang Palme und Dr. Helmut Pirc, beide HBLFA für Gartenbau Schönbrunn, für Rat und Tat – und ebenso viele Dirndln.
Ich danke Frau Ulrike Köb, Food-Fotografin und Meisterin der fantastischen Bilder im Rezeptteil – nicht nur für ihr Einfühlungsvermögen, sondern vor allem dafür, dass es ihr gelungen ist, das subtile Wesen der Wildkräuter so perfekt einzufangen. Ich danke den Verlagen Residenz und Donauland für ihre Kooperation sowie meiner Lektorin Afra Margaretha und Kurt Hamtil für die hervorragende Zusammenarbeit.



Bibliografische Information der Deutschen Bibliothek
Die Deutsche Bibliothek verzeichnet diese Publikation in der Deutschen Nationalbibliografie; detaillierte bibliografische Daten sind im Internet über http://dnb.ddb.de abrufbar.

www.residenzverlag.at



Foodfotografie: Ulrike Köb
Pflanzenfotos: Susanne und Walter Till
Zeichnungen: Susanne Till
Nährwert-Berechung: Dr. Petra Rust
Grafische Gestaltung/Satz: Kurt Hamtil, Wien
Lektorat: Afra Margaretha
Gesamtherstellung: Niederösterreichisches Pressehaus Druck- und Verlags Ges. m. b. H.

ISBN 978-3-7017-3042-1

# Inhalt

# Vorwort

Grün ist gut, Vitalstoffe aus „Wildwuchs“ sind „in“ und Wildkräuter die ultimative Antwort auf unser Einheitsfutter aus Halbfertig- und Fertigprodukten. Sie boomen regelrecht, die wilden Gesellen an unseren Wegrändern, auf Wiesen und in Wäldern. Vor über 100 000 Jahren ernährten sich unsere Vorfahren von Wildpflanzen. Sie waren über Generationen damit beschäftigt, genießbare von giftigen Pflanzen zu unterscheiden und lernten durch Versuch und Irrtum, was essbar ist und was nicht, welche Krauter heilen oder berauschen.
Die moderne Naturwissenschaft hat die „kräutereigenen“ Substanzen entzaubert, sie fassbar gemacht und ihre Wirkung nachgewiesen. Manche Wildkräuter sind daher heute mit gutem Gewissen nicht mehr zum Genuss zu empfehlen, aller wilden Romantik zum Trotz. Auch wenn Internet, einschlägige Bücher und Spitzenköche weiter Rezepte zu Huflattich, Beinwell und Bärklau empfehlen.
Dieses Buch versteht sich als kritischer Ratgeber. Mir war wichtig, häufige Pflanzen zu beschreiben, die nach neuestem Wissen gefahrlos gegessen werden können. Es war mir ein besonderes Anliegen, auf Doppelgänger hinzuweisen, weil die Angst vor Verwechslungen das Sammelvergnügen oft bremst oder gar unterbindet. Mit detaillierten Angaben zu den „Jagdgründen“ und einem saisonalen Sammelkalender müsste jede grüne Pirsch erfolgreich sein. Die Rezepte sind vielfach erprobt und gelingen garantiert. Die Nährwertangaben zeigen, dass die „wilde Küche“ vielfach sehr vitamin- und ballaststoffreich ist. Sie wurden von Dr. Petra Rust (Universität Wien) berechnet. Ihr möchte ich an dieser Stelle auch für die vielen anregenden Diskussionen sehr herzlich danken.
Es war mir ein persönliches Anliegen, mehr als nur den kulinarischen Nutzen von Bärlauch und Co. zu beschreiben. Ich wollte deren Schönheit ins Bewusstsein rufen, in der Hoffnung, Verständnis zu wecken für all die kleinen und großen „Kräutln“, die man übrigens leicht auch selbst anbauen kann. Letztendlich habe ich dieses Buch geschrieben, um Liebe für diese grandiose Natur in Ihr Herz zu pflanzen – damit wir sie alle gemeinsam besser beschützen und erhalten können.

Susanne Till
Frühjahr 2007

# Erkennen und sammeln

## ERKENNEN

### Genau schauen

Nur wer genau schaut, wird die Pflanzen, die er sucht, überhaupt finden. Aber zur Freiheit des selbstständigen Sammelns gehört auch das sichere Ansprechen einer essbaren Wildpflanze. Zu ähnlich sind manchmal giftige Doppelgänger und selbst der scheinbar so typische Bärlauch wird leider immer wieder mit Herbstzeitlosen verwechselt, ein häufig tödlicher Fehler.

### Sicher ansprechen – auch die giftigen Doppelgänger

Wie die einzelnen Wildpflanzen aussehen, wird im ersten Teil des Buches ausführlich beschrieben. Es empfiehlt sich dringend, dieses Kapitel vor den ersten „Jagdgängen" im Gelände gründlich zu lesen. Unter fachkundiger Anleitung geführte „Kräuterwanderungen" schärfen den Blick und verleihen eine gewisse Sicherheit. Sinnvoll ist es auch, sich zunächst auf einige wenige Pflanzen zu konzentrieren, die man sicher ansprechen kann. Den „sicheren Grundstock" kann man dann schrittweise ausbauen.

*Huflattich*

### Bitte nicht sammeln

Leider wird es noch immer nicht in allen Wildkräuterbüchern angesprochen, aber: Huflattich, Beinwell und Bärklau sollte man nicht sammeln.

Huflattich (*Tussilago farfara)* und Beinwell *(Symphytum tuberosum, Symphytum officinale)* enthalten ein Krebs erregendes Gift (Pyrrolizidinalkaloide), welches sich im Körper bei

*Beinwell*

*Bärklau*

wiederholtem Konsum anreichert. Pflanzen aus Wildaufsammlungen können so viel von diesem Gift enthalten, dass sie nicht als Arzneimittel verkauft werden dürfen. Apothekerware stammt immer aus giftstofffreien Selektionen!

Die verschiedenen Arten der Bärklau- oder Herkulesstaude ( z.B. *Heracleum sphondylium,* Wiesen-Bärklau), die man nur blühend sicher voneinander unterscheiden kann, enthalten Substanzen (Furocumarine), die zusammen mit dem Sonnenlicht als Kontaktgift wirken und zu schweren Hautentzündungen führen können. Wer viel und regelmäßig Bärklau isst, sollte wissen, dass größere Mengen zu Leberkrebs führen. Besonders viel schädliches Kontaktgift enthalten Bärklaufrüchte. Auch wenn findige Haubenköche selbige als Nonplusultra empfehlen, würde ich sie nicht verwenden.

### Ernten – was, wann?

Die Natur schenkt ihre Schätze ausschließlich im jahreszeitlichen Rhythmus. Es ist daher wichtig zu wissen, was man am besten wann ernten kann. Darüber gibt der **Sammelkalender** (siehe hintere Umschlagklappe) Auskunft.

Der Frühling bietet die größte Vielfalt bei Wildspinat, Salat, essbaren Blüten und Wildgewürzen, der Sommer bereits ein reduziertes Programm und im Herbst findet man nur mehr wenige Wildspinate, dafür umso mehr Wildfrüchte und Wurzeln. Da aber Wurzeln von Wildpflanzen mühsam zu ernten und meist wenig wohlschmeckend sind, wurden sie hier generell ausgeklammert.

### Ernten – was, wo?

Der Bärlauch im Au- oder Laubwald, die Kohldistel auf der feuchten Wiese, der Amarant im Weingarten und der weiße Gänsefuß auf der Schutthalde – unsere Lieblinge haben sehr unterschiedliche Vorstellungen von ihrem Zuhause. Der Punkt „Vorkommen“ gibt bei den Einzelpflanzen genaue Auskunft darüber, was wo wächst. Es empfiehlt sich, das Buch beim Spaziergang mitzunehmen, damit man auch richtig landet.

### Wildpflanzen selbst anbauen

Das zeitaufwendige Suchen nach den geeigneten Wildpflanzen erspart der eigene Wildpflanzengarten. Speziell die Wildfrüchte – und hier besonders Schlehen und Kornelkirschen – sind launisch, was die Erntemenge angeht: Einmal gibt es sie reichlich, im nächsten Jahr hingegen vielleicht gar nicht. Wer auf Nummer sicher gehen will, muss spezielle Selektionen kultivieren, wie es sie etwa von der Kornelkirsche (S. 59) gibt. Sie haben größere Früchte als ihre wilden Verwandten und sind daher leichter zu ernten. Saatgut und Jungpflanzen bekommt man in allen größeren, gut sortierten Baumschulen.

Tipp Internetsuche: Einfach den lateinischen Pflanzennamen bei der Suche eingeben.

Kulturanleitungen: Siehe bei den Pflanzen und unter weiterführender Literatur, S. 174

### Grundregeln des Sammelns

- Örtliche Naturschutzbestimmungen beachten!
- Nicht neben einer stark befahrenen Straße sammeln!
- Pflanzenbestand und Pflanzen schonen. Bäume und Sträucher beim Pflücken nicht beschädigen.
- Nur dort sammeln, wo die Sammelpflanzen häufig sind.
- Blätter pflücken, nicht mit der Sense abmähen (führt zu Fremdbeimengungen, etwa von Herbstzeitlosen beim Bärlauch).
- Immer nur einige Blätter pro Pflanze ernten.
- Nur frisch-grüne (auch ältere) gesunde und fleckfreie Blätter ernten.
- Nur einige Blüten pro Pflanze mitnehmen.
- Zwiebeln, Wurzelstöcke (Rhizome), Wurzeln intakt lassen (das schont den Pflanzenbestand).
- Kräuter, nach Sorten getrennt, in Plastiksäckchen sammeln, wobei man Gefrierbeutel (1-2 l Inhalt) auch mehrmals verwenden kann. Der beste Schutz vor dem Verwelken ist dann gegeben, wenn die Pflanzen zur Gänze im Plastiksack verstaut werden.
- Wildobst kann man gut in einem Korb sammeln.

# Gesund mit Wildkräutern und Wildfrüchten

## 1. KRÄUTER

### Kräuter, Kräuter über alles

Es gibt Wildkräuter, Küchenkräuter, Heilkräuter und sicherlich noch jede Menge andere Kräuter. In jedem Fall wird der Begriff „Kräuter" mit „gesund" gleichgesetzt, mit „grün", „natürlich", „unbelastet" und irgendwie steckt darin eine Romantik, die an alte Klöster und verwunschene Gärten erinnert. Der Botaniker versteht unter „Kräutern" lediglich die grünen, nicht holzigen Pflanzenteile, die bestenfalls noch Blüten tragen – nicht aber Rinden, Früchte, Wurzeln und Wurzelstöcke (Rhizome). Kräuter sind also nur die Blätter und blühenden Triebe einer Pflanze, das wollen wir ausdrücklich festhalten.
Kräuter sind weder grundsätzlich unbelastet noch uneingeschränkt gesund.

### Die Qualität der Blätter

#### Blattalter

„Nur ein junges Blatt ist ein gutes Blatt", dieses weit verbreitete Vorurteil geistert noch immer durch viele Wildpflanzenbücher. Tatsache ist, dass junge Blätter zarter sind als ältere und in manchen Fällen auch unbelasteter (s. a. Nitrat). Es stimmt allerdings nicht, dass die Blätter von blühenden Pflanzen generell nicht mehr zu ernten sind, im Gegenteil: Die Wildgewürze Beifuß, Dost, Quendel, Rossminze und der Wiesenknopf erreichen ihr volles Aroma, wenn sie blühen. Die Schafgarbe erlangt dann erst ihre Heilkraft und blühender Bärlauch ist eine Köstlichkeit – allen Märchen zum Trotz, dass die Blätter dann giftig sein sollen. Sie werden derber und schmecken roh nicht mehr wirklich fein, eignen sich aber noch immer gut für Spinat oder Soufflé. Einzig für Brennnesseltee empfehlen sich ausschließlich die jungen Blätter, weil sie weniger Nitrat enthalten als die älteren.
Prinzipiell gilt: Nur gesunde, grüne Blätter sammeln!

#### Nitrat

Nitrat gelangt über Düngemittel in den Boden und von dort in die Pflanzen. Es ist zwar für Erwachsene nicht giftig, kann jedoch im menschlichen Körper zu Nitrosaminen umgewandelt werden, die als Krebs erregend gelten. Unsere Nahrung sollte deshalb möglichst nitratarm sein.

#### Viel Nitrat – in Amarant, Brennnessel, Gutem Heinrich, Weißem Gänsefuß

Etliche Wildspinat-Pflanzen, wie Amarant, Guter Heinrich, Weißer Gänsefuß und die Brennnessel speichern von Natur aus Nitrat (das ist auch bei Glashaus-Salat und Spinat der Fall). Beim Aufbrühen und Blanchieren geht das Nitrat, welches gut wasserlöslich ist, in das Kochwasser über, wird also den Blättern entzogen. Dies ist gut, wenn ich die Blätter zu Spinat verarbeite, aber schlecht, wenn ich das Brühwasser als Tee trinken will! Daher gilt: Für Brennnesseltee nur junge Blätter sammeln!
Alle übrigen Wildspinatarten in ungesalze-

nem Wasser blanchieren, das Blanchierwasser eignet sich hervorragend als Blumendünger. Bei Wildspinaten mit größeren Blättern lohnt es sich auch, den Blattstiel zu entfernen – was man übrigens auch beim Glashaus-Spinat machen sollte.

## Gesunde Wildkräuter

### Frühjahrskräuterkuren

Heute sind sie ein großes Geschäft, die so genannten „Frühlingskuren", wobei das im Internet angebotene Sortiment in den wenigsten Fällen wirklich seriös ist. Ursprünglich sollten die „Frühjahrskräuterkuren" den Körper nach einem langen Winter „umstimmen", „das Blut reinigen", den Stoffwechsel anregen. Sie sind keine Erfindung unserer Zeit, schon die Römer wussten diese Kuren zu schätzen.

### Bittere Kräuter

Bittere Kräuter, wie etwa der Löwenzahn (S. 60) spielten immer schon eine besondere Rolle, einmal als Tee, aber auch als Presssaft oder als Salat. Heute wissen wir, dass die Bitterstoffe des Löwenzahns Appetit und Leberfunktion anregen, sein hoher Kaliumgehalt wirkt harntreibend. Ein Löwenzahnsalat im Frühjahr hat also durchaus seine Berechtigung, ebenso wie das Aufbrühen der Blätter. Allerdings sollte man wissen, dass die Bitterstoffe auch die Bildung der Magensäure anregen. Menschen mit Sodbrennen sollten daher lieber auf Löwenzahn verzichten.

### Brennnessel und Bärlauch

Heute kommt keine Frühlingskur ohne die Brennnessel (S. 32) aus und wenn man dem Internet Glauben schenkt, so kann sie scheinbar alles. Tatsache ist, dass die Brennnessel zu einer Steigerung der Harnmenge führt, was speziell auf den Brennnesseltee zutrifft. Auch der Bärlauch (s. S. 24) darf heute in keiner Frühlingskur fehlen. Er enthält nicht nur viel Vitamin C, sondern stimuliert auch die Darmtätigkeit.

Ob man für eine Frühlingskräuterkur Löwenzahn, Brennnesseln und Bärlauch selbst sammelt oder doch lieber die Säfte aus Apotheke und Reformhaus trinkt, muss jeder selbst entscheiden. Auf jeden Fall ist der Wunsch nach einer „Frühlingsentgiftung" nicht neu – auch wenn er immer wieder neu verkündet und vermarktet wird.

## Energiewert und Inhaltsstoffe von Wildkräutern

### Kalorienarm

Wildkräuter sind wie unser Gemüse kalorienarm und für die schlanke Linie daher hervorragend geeignet.

### Vitamin C

Vitamin C spielt für unseren Körper eine wichtige Rolle. Es unterstützt den Heilungsprozess von Wunden, stimuliert die Abwehrkräfte des Körpers und schützt ihn vor der Bildung und Wirkung verschiedener reaktiver Substanzen. Dazu gehören schädliche Sauerstoffradikale, die vermehrt beim Rauchen und unter Stress gebildet werden, sowie Nitrosamine (s. Nitrat).

Viele Wildpflanzen, allen voran die aus der Frühlingskollektion, enthalten beachtliche Mengen an Vitamin C. Aus rohen Pflanzenteilen kann es unvermindert aufgenommen werden. Kochen zerstört es. Besonders gute Vitamin-C-Quellen sind daher der Bärlauch und der Giersch, die man roh essen kann.

Heute sind wir im Allgemeinen gut mit Vitamin C versorgt, weil wir ganzjährig frisches Obst und Gemüse kaufen können. Die Wildkräuter spielen daher eine untergeordnete Rolle als Vitamin-C-Lieferanten. Aber das war nicht immer so.

Früher, als es im Winter nur Lagerobst und -gemüse gab, waren Mangelkrankheiten im Frühling häufig. Man kurierte sie mit Frühlingskräutern. Heute wissen wir, dass in manchen von ihnen mehr Vitamin C steckt als in Kiwis, Orangen, Paprika und Co.

### Ballaststoffe

Ballaststoffe bzw. Nahrungsfasern können von den körpereigenen Enzymen des Magen-Darm-Traktes nicht abgebaut werden. Der „Ballast" ist aber nicht unnütz, er regt vielmehr die Darmtätigkeit an, sorgt somit für regelmäßigen Stuhlgang und beugt so einer Reihe von Folgekrankheiten, wie etwa dem Dickdarmkrebs vor. Die Wildspinate sind wahrscheinlich allesamt sehr gute Ballaststoffquellen. Ihr Verhalten beim Kochen legt dies nahe. Leider gibt es nicht über alle genaue Daten, aber die vorhandenen untermauern diese Annahme.

### Mineralstoffe und Spurenelemente

Mineralstoffe und Spurenelemente erfüllen die verschiedensten Funktionen im Körper. Die vorliegenden Daten zeigen, dass Wildpflanzen gute Mineralstoffquellen sind. Vor allem Kalium und Eisen sind hier zu nennen.

Kalium reguliert den Wasserhaushalt des Körpers, aktiviert Eiweiß- und Kohlenhydratstoffwechsel, wirkt blutdrucksenkend und harntreibend.

Eisen ist am Transport von Sauerstoff im Blut beteiligt und wird überdies für die Bildung verschiedener Substanzen benötigt, die lebenswichtige Körperfunktionen bestimmen. Aus Pflanzen kann unser Körper nicht so viel Eisen aufnehmen wie aus Fleisch und Fleischprodukten, aber mithilfe von Vitamin C lässt sich die Aufnahme steigern.

Da Wildpflanzen gleichzeitig reich an Eisen und Vitamin C sind, lässt sich die Eisenaufnahme verbessern. Generell lässt sich die Eisenaufnahme erhöhen, indem man Salat oder Spinat etwas Zitronensaft zusetzt.

## 2. WILDFRÜCHTE

Ähnlich wie die Wildkräuter liefern auch die Wildfrüchte wertvolle Substanzen, vor allem die Vitamine C und Beta-Karotin sowie Pektin und Fruchtsäuren.

### Vitamin C und Beta-Karotin

Funktion und Schutzwirkung von Vitamin C wurden bereits geschildert (s. S. 13). Beta-Karotin, ein Provitamin A, ist wichtig für den Sehvorgang und hat darüber hinaus eine ähnliche Schutzwirkung wie Vitamin C.

### Pektin

Hat gelierende Wirkung und sorgt somit dafür, dass Marmelade schneller fest wird. In unserem Körper kann es zur Senkung des Cholesterinspiegels beitragen und wirkt ähnlich wie die Ballaststoffe.

### Fruchtsäuren

Sie sind der Grund für den deutlich sauren Charakter unseres Wildobstes. Fruchtsäuren stimulieren die Darmtätigkeit und wirken der Verstopfung somit sanft entgegen.

## Verarbeitung

Generell müssen **alle Pflanzenteile** vor ihrer Verwendung gründlich gereinigt und vor allem von Insekten befreit werden. Dies gelingt gut durch energisches Abklopfen oder Waschen.

### Wildkräuter verarbeiten:

Siehe die einzelnen Pflanzen.

### Wildfrüchte verarbeiten:

Trocknen: Siehe die einzelnen Pflanzen.
Wildobst ist kernreicher, zuckerärmer, säurereicher und herber als unser Kulturobst und leider absolut nicht „kerngängig". Dies macht spezielle Zubereitungsverfahren erforderlich:

- **Roh oder nicht roh?**

Rohe Holunderfrüchte führen zu heftigem Durchfall, bei empfindlichen Personen auch zu Erbrechen. Schlehen, Kornelkirschen, Weißdornfrüchte, Berberitzen und Hagebutten sind prinzipiell roh essbar. Bei Hagebutten ist dies mühsam, weil die haarigen Nüsse aus dem Inneren entfernt werden müssen.
Die Methode „kalt gerührt" ist aufwendig und nicht bei Holunderfrüchten anwendbar.
Die „heiße Verarbeitung" führt zu keinen merkbaren Geschmackseinbußen, wohl aber zu Verlusten an Vitamin C, mit dem wir aber im Allgemeinen ausreichend versorgt sind.

- **Sofort verarbeiten**

Kornelkirschen, Berberitzen und Schwarzen Holunder kann man sofort verarbeiten, weil die reifen Früchte weich sind.

- **Liegenlassen oder einfrieren**

Schlehen, Hagebutten und Weißdornfrüchte sind aber auch in reifem Zustand hart und ohne Vorbehandlung mühsam zu verarbeiten. „Weichmacher" sind Liegenlassen oder Einfrieren.
Zeitaufwendig ist das Liegenlassen, wobei man die Früchte ungefähr eine Woche lang bei Zimmertemperatur (18° C) luftig und locker ausgebreitet ruhen lässt.
Schneller wirkt das Einfrieren. Man muss nicht warten, bis der erste Frost die Früchte küsst. Die Ernte fällt zu dem Zeitpunkt ohnehin oft gering aus, da die Vögel schneller sind. Wichtig ist nur, dass die Früchte bereits reif, das heißt gut ausgefärbt sind. Sie werden über Nacht tiefgekühlt, sodass sie gut durchgefroren sind. Schlehenfrüchte werden durch das Einfrieren überdies milder und sind merklich weniger gerbsauer.
Beide Methoden machen die Früchte mehlig und besser passierbar, senken allerdings auch ihren Gehalt an Vitamin C.

- **Im Ganzen verarbeiten**

Weil sich Fruchtfleisch und Kerne nicht voneinander lösen, ist es zeitraubend und in manchen Fällen schier unmöglich, Wildfrüchte „von Hand" zu entkernen. Die meisten Wildfrüchte (ausgenommen Holunderfrüchte) sind nicht sehr saftreich, weswegen ein Entkernen mittels Entsafter meist problematisch ist. Dennoch soll dies mit bestimmten Geräten möglich sein. In diesen Fällen wäre bei den roh essbaren Wildfrüchten auch eine Kaltverarbeitung denkbar.
Meine Methode ist es aber, die Früchte im Ganzen mit Hitze zu verarbeiten.

- **Herstellung eines Fruchtmuses**

Ziel der Verarbeitung im Ganzen ist die Herstellung eines Fruchtmuses, das dann weiter verwendet wird:

- Die aufgetauten oder frischen Früchte in

einem weiten Topf (ø 24 cm) mit Wasser bedecken.

• So lange im offenen Topf kochen, bis das Wasser weitgehend verdunstet ist. Dabei sorgfältig immer wieder umrühren, damit nichts anbrennt.

• Früchte mittels Holzschwämmchen durch ein Sieb passieren. Durch kräftiges Reiben mit dem Holzschwämmchen kann man das Fruchtfleisch relativ leicht abrubbeln.

• Das passierte Fruchtfleisch in einen anderen Topf geben, den Rückstand aus dem Sieb kratzen, mit Wasser versetzen und in den ursprünglichen Kochtopf zurückgeben.

• Rückstand unter Rühren nochmals 10 Minuten kochen, dann erneut passieren.

• Für Schlehen, Kornelkirschen, Schwarzen Holunder, Berberitzen und Weißdorn genügt insgesamt zweimaliges Aufkochen. Hagebutten müssen insgesamt dreimal aufgekocht werden.

• Das passierte Fruchtfleisch kann man entweder sofort weiter verarbeiten oder einfrieren.

**• Die Herstellung von Marmelade**

• meist sind Wildfrüchte so reich an Pektin (Hagebutten, Kornelkirschen, Weißdorn), dass sich die Zugabe einer Gelierhilfe erübrigt. Schwarzen Holunder, Schlehen und Berberitzen kann man entweder 1 : 1 mit Äpfeln mischen oder Gelierhilfe zufügen

• für 1 kg Fruchtmus rechnet man rund 400 bis 500 g Süßungsmittel (Fruchtzucker, Honig, Kristallzucker)

• Süßungsmittel beigeben, etwa 5 Minuten gut kochen lassen, heiß in Gläser füllen, gut verschließen und die Gläser umgedreht auf einem feuchten Tuch auskühlen lassen.

**• Wildobst und Kulturobst mischen**

Wildfrüchte sind so intensiv, dass man sie ohne Probleme 1 : 1 mit Kulturobst mischen kann. Dafür eignen sich besonders Äpfel und Birnen, für Schlehen zusätzlich Zwetschken.

# Pflanzen

# Absinth

Echt-Wermut
*Artemisia absinthium (Asteraceae)*
**Sommer**

*Wermut, blühende Pflanze*

***Verwendete Pflanzenteile:*** Blätter der blühenden Pflanze, Blütentriebe
***Erntezeit:*** Juni bis September
***Vorkommen:*** Der elegante Wermut mag es ein wenig nährstoffreich, nicht zu feucht und vor allem mollig warm. Mäßig trockene Waldschläge, Dämme, Zäune, aber auch offene Schotterböden und Müllplätze sind sein bevorzugtes Domizil. Anders als der Beifuß ist er keine bodenständige Pflanze, er stammt vermutlich aus Westasien. Zum Glück für uns gelangte diese magische Pflanze irgendwann nach Mitteleuropa, wo sie auf eher trockenen Standorten bis über 1000 m gedeiht.
***Aussehen und Geschmack:*** Der Wermut fällt unter den meist sattgrünen Kräutern durch seine graugrüne Färbung auf und erreicht blühend eine Höhe von ca. 50-100 cm. Im Unterschied zum Beifuß ist der Wermut eher filigran, Blätter und Stängel sind samtig behaart. Die Blätter sind auffallend stark geschlitzt (fiederspaltig), matt und sowohl an der Ober- wie auch an der Unterseite behaart. Sie greifen sich samtig an und duften herb-aromatisch. Der Stängel ist auch graugrün und gerieft.
Zur Blütezeit von Juli bis September verwandelt sich der Wermut in eine strahlende Schönheit mit winzigen, zartgelben Blütenköpfchen. Ähnlich wie beim Beifuß sind sie zu ährenartigen Blütentrieben vereint. Die ganze Pflanze verströmt dann das ihr eigene herbe Aroma. Der Wermut ist wesentlich aromatischer als der Beifuß und im Gegensatz zu diesem sehr bitter.

**Doppelgänger:**
Beifuß *(Artemisia vulgaris; Asteraceae)*, der ebenfalls zu verwenden ist (s. S. 29).
Die giftigen Eisenhut-Arten *(Aconitum spp.; Ranunculaceae)*, deren Blätter aber geruchlos, glänzend und sattgrün sind. Blühende Eisenhut-Arten haben große und auffallende, blau oder gelb gefärbte Blüten. Zur Blütezeit sind Verwechslungen daher ausgeschlossen.

*Blauer Eisenhut, blühende Pflanze*

**Wermut**
Blatt ober- und unterseits behaart

**Beifuß**
Blatt unterseits behaart

**Eisenhut**
Blatt unbehaart, unterseits glänzend

***Ernte und Verarbeitung:*** Man erntet vom Wermut besser die blühende Pflanze, weil sie leichter zu erkennen und außerdem aromatischer ist als die nicht blühende.
Man kann Wermut frisch oder getrocknet verwenden. Er eignet sich in beiden Fällen hervorragend für die Herstellung von Aperitifs und Bitterlikören.

***Kulinarisches:*** Alte Rezepte empfehlen ihn für fette Fleischgerichte, wie Gänse- oder Entenbraten, weil diese durch ihn besser verdaulich seien, obwohl er enorm bitter ist. Wohl wirkt Wermut sehr verdauungsfördernd, aber höchstens als Aperitif oder als Digestif. Von der Verwendung als Gewürz für fettes Geflügel ist dringend abzuraten, denn selbst mit viel Erfahrung und Fingerspitzengefühl ist der Erfolg fraglich. Ein Wermut-Wein hingegen ist eine Delikatesse, man kann nichts Vergleichbares kaufen.

***Gesundheit:*** Der Wermut ist eine wichtige Heilpflanze, denn seine Bitterstoffe regen die Bildung von Verdauungssäften an. Optimal wirkt er, wenn man etwa ein Glas Wermut-Wein eine halbe Stunde vor dem Essen trinkt. Wermut-Tee hilft bei Verdauungsbeschwerden und Appetitlosigkeit. Der bittere Geschmack verhindert wohl den übermäßigen Genuss, trotzdem sollte man wissen, dass zu viel Wermut schaden kann. Er enthält Thujon, das zwar in Wermut-Wein und -Tee nur in Spuren vorkommt, in großen Mengen jedoch giftig ist.

***Nostalgisches, Magisches, Mystisches:*** Der Wermut war im Altertum der Artemis, der Göttin der Geburt, geweiht, hatte große Bedeutung in der Frauenheilkunde und als Liebeszauber. Der Begriff „Wermutstropfen“ wurde zum Symbol für Bitterkeit schlechthin, doch galt Wermut auch als wichtige magische Pflanze. Er diente der Vertreibung von bösen Geistern und wurde daher für das Ausräuchern von Haus und Hof verwendet. Als Amulett am Körper getragen, schützte er vor Dämonen. Später trat er in den Dienst der katholischen Kirche und war, wie viele andere zauberkräftige Kräuter auch, ein wichtiger Bestandteil der Kräuterbüschel, die an Mariä Himmelfahrt geweiht wurden. Und er war anstelle des heute gern verwendeten Lavendels ein beliebtes Mittel gegen Motten.
Bereits die Griechen kannten die euphorische und halluzinogene Wirkung einiger Wermut-Zubereitungen. Um 1792 wurde in der franzö-

sischen Schweiz der „Absinth" erfunden, ein grünliches Wermut-Destillat, das auch mit verschiedenen Gewürzen wie Fenchel, Anis, Salbei, Pfefferminze etc. versetzt wurde. Sein Alkoholgehalt lag zwischen 40 und 75 Vol %. Im ausgehenden 19. Jahrhundert avancierte der „Absinth" zur Modedroge der Pariser Dichter und Maler. Neben Paul Gauguin sprachen Vincent van Gogh, Ernest Hemingway und viele andere Künstler diesem Wunderelixier zu, das zwar die Kreativität steigerte, aber auch Halluzinationen auslöste. Im Übermaß genossen machte die „grüne Fee", wie man den Likör auch nannte, abhängig und führte zu Kopfschmerzen, Gewichtsverlust und Depressionen. Obwohl bis heute umstritten ist, ob es wirklich der Wermut war, der den Absinth so gefährlich machte, und nicht etwa der hohe Alkoholgehalt und andere Zusätze, wurde seine Herstellung um 1923 in Europa verboten. Neuerdings wird die Wunderdroge – allerdings entschärft und unter strenger gesetzlicher Kontrolle der EU-Aroma-Verordnung – wieder produziert.

***Wermut selbst anbauen:*** Zur Blütezeit des „Absinthismus" wurde der Wermut in Europa verschiedentlich angebaut, besonders im schweizerischen Val de Travers und in der französischen Provinz Franche-Comté. Der Anbau ist aber viel älter, geht in Süddeutschland bis in das 9. Jahrhundert zurück und ist relativ einfach. Hat man einmal eine Pflanze im Garten, so sät sie sich selbst aus und benötigt keine Pflege. Wichtig ist nur, dass der Boden nicht zu feucht ist. In Spezialgärtnereien werden verschiedene Wermut-Arten als Stauden angeboten.

# Amarant

Fuchsschwanz-Arten

*Amaranthaceae spp.*

**Sommer**

*Rau-Fuchsschwanz, blühende Pflanze*

Bei uns wachsen verschiedene Amarant-Arten wild (s. a. *Doppelgänger)*, zu den häufigsten gehört der Rau-Amarant (Rau-Fuchsschwanz, Zurückgebogener oder Grauer Fuchsschwanz, *Amaranthus retroflexus; Amaranthaceae)*

***Verwendete Pflanzenteile:*** Blätter

***Erntezeit:*** August bis Oktober

***Vorkommen:*** Der Rau-Amarant besiedelt selbst kargen Boden und kommt auf Äckern, in Gärten und in Parks häufig vor. Er bevorzugt die ebenen, wärmeren Gebiete, ist aber vereinzelt auch in Alpentälern zu finden.

***Aussehen und Geschmack:*** Zu einer besonders markanten Erscheinung wird der Rau-Amarant dann, wenn er blüht. Etwa ab August fällt er durch seine grünen, buschigen „Ähren" auf, die ihm auch den Namen „Fuchsschwanz" eingebracht haben. Sie ragen kerzengerade in die Höhe und fühlen sich ziemlich borstig an. Die „Fuchsschwänze" beher-

bergen zunächst eine Unzahl winziger Blüten, aus denen später Miniaturfrüchte mit glänzenden, schwarzen Samen hervorgehen. Die borstigen Ähren werden nicht verwendet, wohl aber die Blätter, die ein köstliches Wildgemüse abgeben.
Die Blätter sind mattgrün, haben einen langen Blattstiel und eine meist eiförmige Blattfläche mit glattem, manchmal leicht welligem Blattrand. Die Blatt-Unterseite ist, so wie der Stängel der Pflanze, schütter behaart. Die Blätter schmecken mild und angenehm, man verwendet sie ausschließlich gekocht.

**Doppelgänger:**

Es gibt verschiedene andere Amarant-Arten, fast allesamt amerikanische Einwanderer, mit den auffälligen „Fuchsschwänzen", manchmal aber mit sehr kleinen Blättern und von niederem Wuchs. Prinzipiell sind sie alle verwendbar. Manche von ihnen sind selten und „unbeständig", das heißt, nicht jedes Jahr an ihrem gewohnten Standort anzutreffen, andere sind so genannte „Gartenflüchtlinge".

***Ernte und Verarbeitung:*** Man pflückt die Blätter, sobald man den Rau-Amarant sicher erkennen kann, was am besten bei der blühenden Pflanze gelingt. Das Sammeln ist durch das oftmalige Bücken ein wenig sportlich. Dass der Rau-Amarant meist eher großflächig, wenn nicht überhaupt massenhaft auftritt, kommt der Pflückarbeit sehr entgegen. Da die Blätter (ähnlich wie die der Brennnessel und des Kultur-Spinats) Nitrat speichern, müssen sie vor der weiteren Verwendung unbedingt blanchiert werden. Das (ungesalzene) Blanchierwasser kann aufgefangen und erkaltet als Blumendünger verwendet werden. Der blanchierte Rau-Amarant wird entweder sofort weiter verarbeitet oder, am besten püriert, eingefroren. Dies gelingt ohne Qualitätsverlust und ergibt eine ideale Basis für Suppen, Aufläufe und Soufflés.

***Kulinarisches:*** Gerichte mit Rau-Amarant bestechen durch ihre elegante Würze und schmecken wesentlich feiner als solche mit Kultur-Spinat. Der kulinarischen Kreativität sind dabei keine Grenzen gesetzt. Sie beginnt beim Schaumsüppchen und endet bei Soufflé und Amarant-Quiche.

***Gesundheit:*** Die Blätter des Rau-Amarants sind reich an Eiweiß und am gehaltvollsten kurz vor der Blüte. Wer dies voll ausnutzen möchte, muss allerdings die Pflanze ohne ihre „Fuchsschwänze" erkennen können.
Verschiedene Amarant-Arten werden sowohl ihrer Blätter als auch ihrer eiweißreichen, hellen Samen wegen kultiviert. Letztere sind sowohl im Amarant-Müsli, aber auch als Mehl und in Form von anderen Produkten in Reformgeschäften erhältlich.

***Rau-Amarant selbst anbauen:*** Am einfachsten ist es, wenn man im Oktober die bereits fruchtenden „Fuchsschwänze" sammelt und die schwarzen Samen auf dem Komposthaufen, an einer freien Stelle im Garten oder auch in einem Balkontrog aussät. Überdies bietet der Gartenfachhandel Zier-Amarant-Arten mit prächtigen roten „Fuchsschwänzen" an, deren Blätter ebenfalls nutzbar sind.

## Bärlauch

Bär-Lauch, Bären-Lauch

*Allium ursinum (Alliaceae)*

**Frühling**

*Bärlauch, Blüte und Blatt*

***Verwendete Pflanzenteile:*** Blätter, junge Blütenstände, Einzelblüten

***Erntezeit:*** die jungen Blätter ab März, die Blütenstände und Einzelblüten etwa ab April

***Vorkommen:*** Der Bärlauch ist eine Waldpflanze und braucht nährstoffreichen, tiefgründigen, feuchten Boden. Man findet ihn daher bevorzugt in schattigen Laubwäldern. Dort tritt er im zeitigen Frühjahr, wenn der Wald noch kein grünes Blätterdach hat, oft massenhaft auf. Während der Blütezeit duftet es dort betörend nach Bärlauch. Überdies wächst er in Auen, an Bächen und in Schluchten. Er gedeiht bis hoch hinauf in die Voralpen (bis etwa 1900 m).

***Aussehen und Geschmack:*** Der Bärlauch hat charakteristische, hellgrüne Blattrosetten, die man unbedingt genauer ansehen sollte. Die Blätter stehen meist zu zweien und haben einen langen, deutlich sichtbaren Blattstiel. Dieser kann bis zu 20 cm messen. Die Blätter haben eine flache Blattspreite, die in ihrer Form an eine schmale Lanzenspitze erinnert. Sie sind unterseits matt und zeigen deutlich parallele Blattadern sowie eine ausgeprägte Mittelrippe. Die Nervatur an der Blatt-Unterseite tritt nur wenig hervor. Die Blattfläche des jungen Blattes ist häufig nach unten eingerollt.

Ein gutes Unterscheidungsmerkmal zum giftigen Maiglöckchen ist das Fehlen einer oberirdischen Blattscheide. Erst wenn man die Pflanze ausgräbt, sieht man die weiße, kurze (etwa 3-4 cm lange) Blattscheide, welche die Blattstiele umgibt.

Der Bärlauch blüht im April mit doldenartigen Blütenständen, die aus kleinen, weißen, sternförmigen Blüten bestehen. Der junge Blütenstand ist von zwei häutigen, weißen Hüllblättern umgeben. Er hat einen langen, an einer Seite abgeflachten Stiel und entspringt seitlich aus der unterirdischen Zwiebel. Diese ist schlank und länglich und trägt kleine Würzelchen. Die Zwiebel dient dem Bärlauch zum Überwintern, er treibt daraus im nächsten Frühling neue Blätter. Sowohl die jungen Blütenstände wie auch die Blüten und die Zwiebeln schmecken köstlich scharf und nach Knoblauch.

**Doppelgänger:**

**Herbstzeitlose (sehr giftig)**

*Colchicum autumnale (Colchicaceae)*

Von den Doppelgängern ist die überaus giftige Herbstzeitlose am gefährlichsten, denn 80-120 g frischer Blätter sind absolut tödlich. Leider kommen Verwechslungen immer wieder vor, allerdings nur, wenn man nicht genau hinsieht oder sich nur auf den Geruch verlässt. Die Herbstzeitlose ist geruchlos, aber beim Bärlauchpflücken riecht ringsherum alles nach

*Hinten: Bärlauch* *Vorne: Herbstzeitlose*

Knoblauch und es ist unmöglich festzustellen, ob man nicht auch den giftigen Doppelgänger erwischt hat.

Im Gegensatz zum Bärlauch ist die Herbstzeitlose zwar eine Wiesenpflanze, die beiden können aber durchaus neben einander vorkommen, doch nur bei sehr flüchtiger Betrachtung ähneln sie einander. Zwar hat die Herbstzeitlose so wie der Bärlauch Blattrosetten, aber die Blätter sind fleischiger, haben keinen deutlichen Blattstiel, dafür aber eine stark glänzende Oberseite. Sie sind überdies stängelumfassend, das heißt, die Blätter sind umeinander gewickelt, nicht frei stehend wie beim Bärlauch. Am ehesten ist die Herbstzeitlose mit einer kleinen Tulpe vergleichbar.

Die Blätter der Herbstzeitlose haben zwar eine ähnliche Form wie die des Bärlauchs, sind an der Spitze jedoch abgerundet. An der Blatt-Unterseite treten Blatt-Nervatur wie auch Mittelrippe deutlich hervor. Junge Blätter der Herbstzeitlose kommen zu dritt aus dem Boden und haben eine kapuzenartige Blattspitze. Der Bärlauch hingegen hat eine flache Blattspitze, die ganz jungen Blätter kommen einzeln aus dem Boden, später zu zweit oder in kleinen Grüppchen.

Wie der Bärlauch hat auch die Herbstzeitlose unterirdisch Blattscheiden, jedoch eine vergleichsweise viel größere Zwiebel. Da die Herbstzeitlose im Herbst blüht, findet man oft im Frühjahr in der Mitte der Blattrosette bereits eine dreiteilige grüne Frucht. Die Herbstzeitlose ist geruchlos und schmeckt nicht nach Knoblauch, sondern herb-bitter.

### Maiglöckchen (giftig)

*Convallaria majalis (Convallariaceae)*

*Oben: Maiglöckchen (Blatt-Unterseite glänzend)*
*Unten: Bärlauch (Blatt-Unterseite matt)*

Das Maiglöckchen enthält herzwirksame Substanzen (Digitaloide). Man sollte es nicht essen, da es giftig ist. Es bevorzugt zwar etwas trockenere Standorte als der Bärlauch, kommt aber ebenfalls in Laubwäldern vor, und beide wachsen häufig nebeneinander.

Wie der Bärlauch hat auch das Maiglöckchen Blattrosetten, aber sie sind blaugrün (nicht hellgrün). Wie beim Bärlauch stehen auch beim Maiglöckchen die Blätter zu zweien. Als wichtigen Unterschied zum Bärlauch hat das

Maiglöckchen jedoch eine lange, oberirdische Blattscheide. Sie täuscht einen einzigen Blattstiel vor, aus dem zwei Blattspreiten hervorkommen. Der scheinbare Blattstiel mündet in mehrere kurze, ineinander gesteckte Blattscheiden, die oben grün und unten rotviolett gefärbt sind. Im Gegensatz zum Bärlauch ist die Blatt-Unterseite glänzend und weniger deutlich parallel geädert.
Die Blätter sind beim Zerreiben geruchlos und schmecken herb-bitter.
Das Maiglöckchen blüht Ende April/Anfang Mai mit traubigen Blütenständen und kleinen, weißen, duftenden Glöckchen. Im Gegensatz zum Bärlauch bilden Maiglöckchen unterirdisch keine Zwiebel, sondern einen Wurzelstock (Rhizom).

## Weißwurz, Salomonssiegel (giftig)

*Polygonatum spp. (Convallariaceae)*

Auch die verschiedenen Weißwurz-Arten (Salomonssiegel) sind nicht essbar. Sie kommen neben Bärlauch und Maiglöckchen im Laubwald vor, unterscheiden sich aber von diesen durch ihren „Stockwerkbau". Die Pflanzen haben keine Blattrosetten, sondern aufrechte Sprosse, an denen wechselweise links und rechts Blätter sitzen. Wie das Maiglöckchen bilden die Weißwurz-Arten unterirdisch ein Rhizom. Sie blühen etwa im Mai/ Juni mit grün-weißen, länglichen Glöckchen.

## Schwarz-Germer (giftig)

*Veratrum nigrum (Melanthiaceae)*

*Bildunterschrift*

Ebenso wenig empfiehlt es sich, die Blätter des Schwarz-Germer zu essen: Die Pflanze heißt so, weil sie im Sommer dunkelrot blüht. Die Blätter kommen allerdings bereits im Frühling und sind häufig gemeinsam mit dem Bärlauch zu finden. Schwarz-Germer-Blätter sind leicht zu erkennen, weil sie mehrere deutlich parallele Blattadern haben, die Blattfläche sieht wie eine Waschrumpel aus.

## Der Bärlauch und seine Doppelgänger, tabellarische Gegenüberstellung

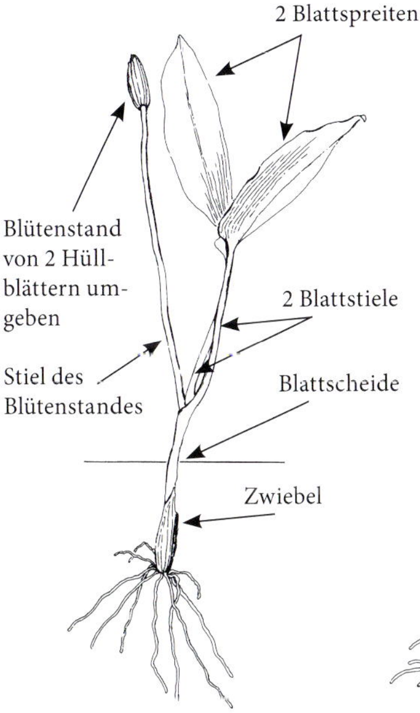


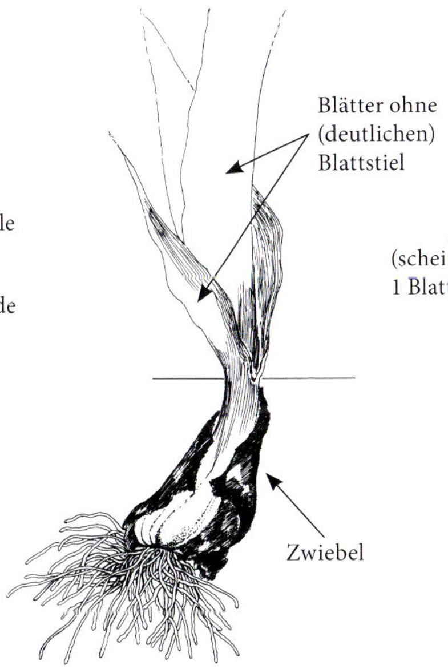


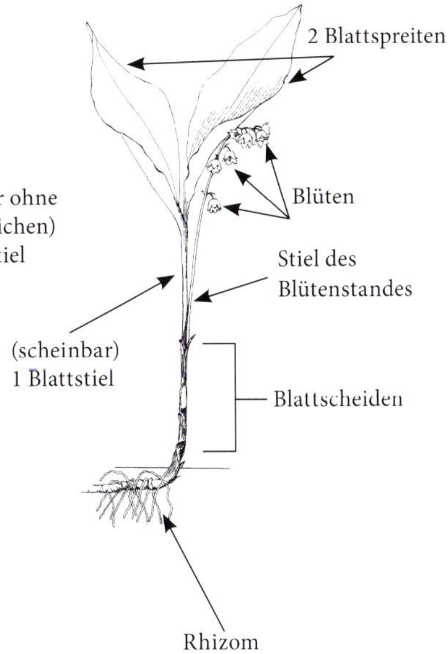


| **Bärlauch**<br>*Allium ursinum*<br>*(Alliaceae)* | **Herbstzeitlose**<br>*Colchicum autumnale*<br>*(Colchicaceae)* | **Maiglöckchen**<br>*Convallaria majalis*<br>*(Convallariaceae)* |
|---|---|---|
| Blätter zu zweien | viele Blätter<br>sind umeinander gewickelt,<br>wie eine „kleine Tulpe“ | Blätter zu zweien |
| ganz junge Blätter einzeln,<br>später zu zweien | junge Blätter<br>an der Spitze kapuzenförmig | junge Blätter zu zweien,<br>Pflanzen unten deutlich<br>rötlich (Blattscheiden) |
| 2 Blattstiele | kein Blattstiel | scheinbar nur 1 Blattstiel |
| Blattscheide im<br>Boden, kurz und weiß | Blattscheiden im Boden,<br>deutlich | Blattscheiden oberirdisch,<br>mehrere ineinander<br>gesteckt, die oberen<br>lang, grünlich, die unten<br>kürzer und rotviolett |
| Nervatur an Blatt-Unterseite<br>wenig hervortretend, aber<br>**deutliche Mittelrippe** | Nervatur und Mittelrippe<br>treten an Blatt-Unterseite<br>deutlich hervor | Blatt-Unterseite ist weniger<br>deutlich geadert |

Der Glanz der Blätter ist kein Unterscheidungsmerkmal! Feuchte Blätter glänzen stärker als trockene, daher ist dieses Kriterium nicht aussagekräftig. Es ist also besser, sich an den anderen Charakteristika zu orientieren.

***Ernte und Verarbeitung:*** Verwenden kann man vom Bärlauch grundsätzlich alles, die Blätter, die Blüten samt Blütenständen und die Zwiebel. Um den Bestand an Bärlauch im Wald zu schonen, sollte man die Zwiebel aber stehen lassen.

Am zartesten und kulinarisch interessantesten sind die jungen Blätter. Man erntet sie, bevor die Pflanze blüht. Aber auch die älteren Blätter sind, entgegen verbreiteter Meinung, nicht giftig, sondern bestenfalls derber von Geschmack und Aroma und vor allem zäher, besonders die ausgeprägte Mittelrippe. Recht häufig sind sie fleckig. Wenn sich der Bärlauch wieder in seine unterirdische Zwiebel zurückzieht, werden die Blätter gelb, unansehnlich und ungenießbar.

Bärlauchblätter kann man sowohl roh als auch gekocht verarbeiten. Roh sind sie schärfer und prägnanter. Blanchierte und anschließend eingefrorene Blätter verändern ihr charakteristisches Aroma zwar etwas, aber diese Konservierungsart ist dennoch wahrscheinlich die beste.

Die jungen Blütenstände sowie die sternförmigen Blüten schmecken ebenfalls scharf und sind eine reizvolle, würzige Zutat zu verschiedenen Gerichten. Wichtig ist es, sie roh zu verwenden oder nur kurz anzudünsten, weil sie leicht aus der Form geraten.

***Kulinarisches:*** Gerichte mit Bärlauch sind würzig und kräftig, für mich enthalten sie die geballte Kraft des Frühlings. Zart, verheißungsvoll und doch scharf und aromatisch. Ein wenig von diesem Zauber kann man für den Winter einfangen, wenn man Bärlauch-Öl herstellt. Sonst sollte man dieses Geschenk der Natur frisch in vollen Zügen genießen, als Bärlauch-Suppe, Bärlauch-Gratin, Bärlauch-Spaghetti oder in einem einfachen Bärlauch-Kartoffelsalat.

***Gesundheit:*** Bärlauch wirkt auf den Körper ähnlich wie Knoblauch. Dafür verantwortlich sind in erster Linie die Scharfstoffe und deren biochemische Abbauprodukte. Bärlauch stoppt Entzündungen und senkt den Cholesterinspiegel. Überdies gibt es Hinweise darauf, dass er auch den Blutdruck senkt und eine Schutzwirkung auf das Herz ausübt. Bislang konnte Letzteres nur im Tierversuch bestätigt werden.

Volksheilkunde und Phytotherapie setzen Bärlauch zudem bei Verdauungsstörungen ein.

***Nostalgisches:*** Die Verwendung von Bärlauch als Gemüse, Kräftigungs- und Heilmittel hat lange Tradition. Schon die Germanen wussten ihn entsprechend zu nutzen und brachten die Pflanze, der sie großen Zauber zusprachen, mit dem Bären, einem germanischen Seelentier, in Verbindung. In der scharfen und geruchskräftigen Pflanze wohnte sozusagen die Seele des starken Bären. Daher der deutsche Name „Bär"lauch.

***Bärlauch selbst anbauen:*** Bärlauch ist leicht selbst aus den Samen zu ziehen, die man sammelt, wenn die Blätter vergilben und die Pflanze einzieht (etwa Ende Mai). Man sät sie Anfang März auf ein Saatbeet, das gut feucht gehalten werden muss. Sind aus den Sämlingen Jungpflanzen geworden, so setzt man sie an eine schattige Stelle im Garten, die lockeren Boden aufweist, damit er im Frühling Platz im Garten vorfindet und nicht von Unkraut erstickt wird.

## Beifuß

Echt-Beifuß,
Gewöhnlicher Beifuß
„Fliegenkraut"
*Artemisia vulgaris (Asteraceae)*
**Frühling, Sommer**

*Vordergrund: Wermut, Hintergrund: Beifuß*

***Verwendete Pflanzenteile:*** Blätter der blühenden Pflanze, Blütentriebe
***Erntezeit:*** die jungen Blätter April bis Mai, die Blütentriebe Juli bis September
***Vorkommen:*** Der aparte Beifuß liebt es gut gedüngt und nicht zu trocken. Er kommt daher an Wegen, auf Schutt- und Müllplätzen vor, aber auch an Ufern und in Auwäldern. Er ist mehrjährig und überdauert den Winter mit seinem Rhizom. Der Beifuß wächst bis in Lagen von 1000 m.
***Aussehen und Geschmack:*** Der Beifuß ist zur Blütezeit zwischen 0,5 und 2 m hoch und im Gegensatz zum Wermut sattgrün. Die kräftigen Stängel der Pflanze sind kahl, grün, manchmal auch deutlich rot gerieft. Die Blätter sind von bizarrer Form, tief eingeschnitten (fiederspaltig), jedoch nicht samtig, sondern oben grün und nur unten weißlich bzw. weißfilzig (s. S. 21). Beim Zerreiben verströmen sie einen zarten, angenehmen Geruch. Sie schmecken nur wenig bitter, aromatisch und höchst elegant.
Zur Blütezeit, etwa ab Juli bis in den Herbst hinein, wirkt der Beifuß durch seine schlanken, abspreizenden Triebe filigran und spröde. Er fällt dann besonders durch seine ährenartigen, hellen Blühtriebe auf, die aus winzigen Blütenköpfchen bestehen. Knospend sind diese einheitlich graugrün, voll erblüht jedoch an der Unterseite rostfarben, so als wäre die Sommersonne ein wenig zu stark gewesen.

**Doppelgänger:**
Der Wermut (*Artemisia absinthium*), der aber silbergrau und samtig sowie sehr bitter ist.
Die verschiedenen Eisenhut-Arten (*Aconitum spp.; Ranunculaceae*), deren Blätter giftig sind. Vom Blattschnitt her weisen sie eine gewisse Ähnlichkeit mit Beifußblättern auf, aber im Gegensatz zu diesen sind sie an der Unterseite nicht weißfilzig (s. S. 21).
Blühend sehen die Eisenhut-Arten allerdings ganz anders aus als der Beifuß. Sie haben keine unscheinbaren, sondern große, auffällige blaue oder gelbe Blüten.

***Ernte und Verarbeitung:*** Beifußblätter kann man frisch und getrocknet verwenden, am besten für etwas fetteres Geflügel wie Ente und Gans. Die jungen Blätter sprießen bereits im Frühling und passen auch gut in ein Kräutersüppchen. Sie sind noch nicht so stark aromatisch wie zur Blütezeit im Sommer. Dann erntet man die blühenden Pflanzen und trocknet sie, indem man sie bündelt und verkehrt herum an einem luftigen und warmen Ort aufhängt. Sonne ist dabei unerwünscht, da sonst die Aroma-Stoffe verloren gehen. In etwa einer Woche ist der Beifuß trocken und wird dann abgerebelt. Man bewahrt ihn in einem gut verschließbaren Glas dunkel, kühl und trocken auf.

Den Gänse- oder Entenbraten würzt man nur innen mit dem Beifuß. Man reibt den Bauchraum des Geflügels kräftig damit ein.

*Kulinarisches:* Eine Barbarie-Entenbrust oder einen Gänse- bzw. Entenbraten mit Beifuß muss man einmal gekostet haben. Das feine Aroma harmoniert besonders gut mit Kumquats und Orangen.

*Gesundheit:* Ähnlich wie der Wermut enthält auch der Beifuß Aroma- und Bitterstoffe, allerdings in geringerer Menge. Gegenwärtig wird er zwar nicht in der europäischen Heilkunde verwendet, wohl aber in der chinesischen. Er wirkt verdauungsfördernd und appetitanregend. Tee aus getrocknetem Beifuß hilft bei Völlegefühl oder anderen Verdauungsbeschwerden.

*Beifuß selbst anbauen:* Am einfachsten ist es, einige Pflanzen an einen nährstoffreichen, nicht zu trockenen Platz im Garten zu setzen.

## Berberitze

Sauerdorn

*Berberis vulgaris (Berberidaceae)*

**Herbst**

*Berberitze, Früchte*

*Verwendete Pflanzenteile:* Früchte (die Berberitzen)

*Erntezeit:* September bis Oktober

*Vorkommen:* Die Berberitze ist ein bedornter Strauch, der trockene und sonnige Standorte mit kalkreichem Boden bevorzugt. Man findet die Pflanze an lichten Waldrändern, in Gebüschen, Auen, aber auch an trockenen, steinigen Hügeln. Dank ihrer Widerstandsfähigkeit kann sie selbst auf kargem Boden wachsen. Sie gedeiht bis in Berglagen.

*Aussehen und Geschmack:* Rohe Berberitzen sind der Inbegriff des Sprichwortes „Sauer macht lustig“. Der markant saure Geschmack ist es auch, der den Früchten so wenig schmeichelhafte Namen wie „Essigberl“ oder „Essigscharl“ einbrachte. Mit einer Länge von etwa 1 cm sind die zarten, hellroten, erfrischenden Berberitzen am Strauch zu hängenden Rispen vereint, etwas für geduldige Sammler.

Die Früchte (botanisch Beeren) sind länglich oval, haben an der Basis ein schwarzes Mal und ähneln kleinen, roten Zitzen, weswegen man sie volkstümlich auch „Zitzerln" nennt. Sie sitzen an dünnen Fruchtstielen, die beim Pflücken meist mitgehen, im Fruchtinneren liegen mehrere Kerne.

Den Berberitzen-Strauch erkennt man leicht an seinen auffälligen Blattbüscheln, die 3-teilige Dornen an der Basis tragen, ein Umstand, dem der Volksmund mit Namen wie „Sauerdorn" oder „Spießdorn" Rechnung trägt.

*Ernte und Verarbeitung:* Weil das Pflücken der kleinen Früchte zeitaufwendig ist, macht man aus der Mühe eine Tugend und lädt Freunde oder die Familie zu einem genussvollen Herbstspaziergang mit Berberitzen-Sammeln ein.

Wer es nicht allzu sauer möchte, mischt Berberitzen entweder mit mildem Wildobst wie etwa Weißdorn oder aber mit Äpfeln und Birnen. Kaut man die Früchte, so beißt man unweigerlich auf die darin enthaltenen Kerne, die jedoch bitter sind. Am besten schmecken Gelees und Marmeladen, weil diese die Kerne nicht mehr enthalten.

Man kann die Früchte auch trocknen. Hierfür werden sie auf einem Tuch an einem luftigen Ort aufgelegt und danach in gut verschließbare Gläser gefüllt. Sie passen gut in einen winterlichen Wildfrucht-Tee. Die Bitterstoffe der Kerne bleiben zwar auch nach dem Trocknen erhalten, gehen aber nicht in den Tee über, der fein säuerlich und wirklich edel schmeckt. Als Rosinenersatz eignen sich getrocknete Berberitzen wegen des bitteren Kernes nicht.

*Kulinarisches:* Gelees und Mischmarmeladen aus Berberitze sind erfrischend säuerlich und auch in der „salzigen" Kombination perfekt, etwa als Beilage zu Wild oder Rind. Ein Gelee pur, das heißt ausschließlich aus Berberitzen, ist eine Kostbarkeit, weil die Ausbeute gering ist. Etwas herber als die Mischprodukte, sollte man es ausschließlich als exquisite Delikatesse zelebrieren: auf gebuttertem Toast oder einer frischen Semmel (Brötchen).

Die getrockneten Früchte der heimischen Berberitze sind, die Teebereitung ausgenommen, kulinarisch wertlos, weil der Kern eben bitter ist. Wer trotzdem mit Berberitzen kochen möchte, der verwende persische Berberitzen, die in iranischen Geschäften erhältlich sind. Sie stammen von einer anderen Berberitzen-Art (*Berberis integerrima*), die man in Persien „sirischk" nennt und die dort auch als kernlose Sorte kultiviert wird. Sie sind angenehm säuerlich, aber nicht bitter. Man fügt sie zusammen mit Rosinen gekochtem Reis bei, der gut zu einem exotischen, mit Zimt und Neugewürz (Piment) zubereiteten Hühnerfilet passt.

*Gesundheit:* Berberitzen enthalten Fruchtsäuren (Apfel-, Wein- und Zitronensäure) und Oxalsäure. Diese Fruchtsäuren wirken gegen Verstopfung. Der Vitamin-C-Gehalt ist, wie bei den Holunderfrüchten, eher niedrig (12-54 mg/100 g). Neben Zucker enthalten die Berberitzen Karotinoide und Pektin (siehe S. 14). Blätter, Zweige und Wurzel der Berberitze sind ungenießbar. In ihnen steckt ein Giftstoff, das Alkaloid Berberin.

*Berberitzen selbst anbauen:* Die Berberitze ist anspruchslos und braucht trockenen, kalkreichen Boden, aber ein sonniges Plätzchen. Im Handel sind verschiedene Zierformen erhältlich, unter anderem solche mit dunkelrotem Laub oder mit gelben Beeren. Die Kerne der Letzteren enthalten mit hoher Wahrscheinlichkeit ebenfalls das giftige Berberin, weshalb die Früchte entkernt verwendet werden sollten.

# Brennnessel

Große Brennnessel
Gewöhnliche Brennnessel
*Urtica dioica (Urticaceae)*
**Frühling**

*Brennnessel, Triebspitzen mit Blättern*

***Verwendete Pflanzenteile:*** Blätter
***Erntezeit:*** die jungen Blätter von März/April bis Mai, die älteren Blätter bis Oktober
***Vorkommen:*** Die Große Brennnessel findet man überall dort, wo der Boden reichlich gedüngt und nicht zu trocken ist. Sie ist wohl eine der anspruchslosesten Pflanzen und gedeiht auf Komposthaufen und Schuttplätzen, an Häusern, Zäunen, Hecken, in Gärten und Auwäldern, an Flussufern, auf Holzschlägen und Weideplätzen, aber auch in Schluchten und Dünentälern. Sie folgt dem Menschen bis in eine Höhenlage von über 2000 m.
***Aussehen und Geschmack:*** Die Große Brennnessel ist eine ausdauernde, stattliche Pflanze, die blühend bis zu 150 cm hoch werden kann. Sie übersteht den Winter mit einem Rhizom im Boden und stirbt nur oberirdisch ab. Die Namen gebenden Brennhaare, welche an der ganzen Pflanze sitzen, machen sie äußerst wehrhaft. Dennoch ist eine Brennnessel von hinreißender Eleganz und enormer Nutzbarkeit, vorausgesetzt, man nähert sich ihr mit Handschuhen. Die länglichen, herzförmigen Blätter sind von dunklem, sattem Grün, bis 12 cm lang, haben einen ausgeprägten Blattstiel und einen gesägten Blattrand. Sie sitzen immer zu zweien an der Sprossachse. Jedes Blatt trägt unten am Blattstiel zwei kleine Blättchen, so genannte „Nebenblätter“. Sie sind eine Spezialität der Brennnessel und fehlen den Taub- und Goldnesseln (s. S. 74). Die Blätter verströmen beim Zerreiben einen herben, angenehmen Geruch, sind aber weniger aromatisch als die Blätter der Taub- und Goldnesseln. Ihren interessanten Geschmack sollte man nur gekocht testen. Roh führen die unzerstörten Brennhaare zu unangenehmen Reizungen der Mundschleimhaut.
Die Große Brennnessel blüht mit unscheinbaren Blüten, die zu zarten, hängenden, dunkelgrünen Rispen vereint sind. Für das Sammeln unerheblich, aber dennoch bemerkenswert ist die Tatsache, dass man bei der blü-

*Brennnessel, blühende Pflanzen*

henden Brennnessel weibliche und männliche Pflanzen unterscheiden kann.

**Doppelgänger:**
Die Kleine Brennnessel (*Urtica urens; Urticaceae*) ist die seltenere, kleinwüchsigere Verwandte der Großen Brennnessel. Sie ist einjährig, zarter als die Große Brennnessel und hat im Gegensatz zu dieser Zwitterblüten. Sie bevorzugt ganz ähnliche Standorte und ist kulinarisch wie die Große Brennnessel zu verwenden.

***Ernte und Verarbeitung:*** Prinzipiell sollte man Brennnesselblätter nur mit Handschuhen ernten, da die Empfindlichkeit gegenüber dem in den Brennhaaren enthaltenen „Nesselgift" recht individuell ist. Bei sensiblen Naturen könnte ein unangenehmer, schmerzhafter Juckreiz auftreten, der bis zu 36 Stunden anhalten kann.
Das Übergießen der Blätter mit heißem Wasser vor der Weiterverarbeitung ist ein absolutes Muss, denn es zerstört die Brennhaare samt ihrem Inhalt, dem Nesselgift.
Junge Blätter, etwa im März/April geerntet, sind zarter und auch weniger reich an Nitrat als die älteren. Da man den Nitratgehalt aber durch das obligate Blanchieren ohnehin radikal absenkt, spricht eigentlich nichts gegen die Verwendung älterer Brennnesselblätter, sieht man von der etwas ausgeprägten Derbheit ab. Man verarbeitet sie zu Aufläufen und Nockerln (Spätzle). Junge Blätter verwende ich bevorzugt für Brennnessel-Suppen, Brennnessel-Spinat und für Brennnessel-Tee. Wichtig ist es, die blanchierten Blätter vor der Weiterverwendung für Nockerln gut auszudrücken. Dies funktioniert am besten mit beiden Händen. Brennnesseln sind viel weniger wässrig als unser Kultur-Spinat, und es ist ein wahrhaft sinnliches Vergnügen, mit ihnen zu arbeiten.
Die blanchierten Blätter kann man hervorragend einfrieren. Trocknen ist eine andere Möglichkeit, die „grüne Seele" der Brennnessel zu erhalten.
Man kann die trockenen Blätter gefahrlos mit der Hand zu einem Pulver zerreiben, das später winterlichen Suppen einen Hauch von Frühling und Sommer verleiht.
***Kulinarisches:*** Die Möglichkeiten, Brennnesseln zu verarbeiten, entsprechen in etwa jenen für den Kultur-Spinat. Speziell die Taubnessel eignet sich sehr gut zum Mischen mit der Brennnessel, verleiht aber den Gerichten ein etwas stärkeres Aroma, das vielleicht noch interessanter ist. Pur oder gemeinsam mit der Taubnessel, ergibt die Brennnessel köstliche Suppen, Aufläufe, Soufflés, Spinatgemüse oder Nockerln.
***Gesundheit:*** Neben verschiedenen Vitaminen sowie Eisen enthält die Brennnessel große Mengen an Chlorophyll und Flavonoiden. Das Chlorophyll wird technisch aus der Brennnessel gewonnen und als Deodorierungsmittel verwendet. Die Flavonoide sind offenbar zusammen mit den Substanzen der Brennhaare für eine deutlich harntreibende Wirkung verantwortlich. Diese tritt ein, wenn man Tee aus trockenen oder frischen Blättern trinkt. Überdies bieten verschiedene Firmen Brennnessel-Tonika und Frühlings-Elixiere an, die unter Verwendung des frischen Presssaftes hergestellt werden und ähnlich wirken. Speziell im Frühjahr angewendet, spricht man dem Brennnessel-Tee eine entschlackende Wirkung zu. Brennnessel-Tee findet auch Verwendung bei der Behandlung von Nierengrieß, Entzündungen der Harnwege und als unterstützende Behandlung bei rheumatischen Beschwerden.

Früher meinte man, rheumatische Beschwerden durch Schlagen der betroffenen Körperstellen mit frischen Brennnesseln heilen zu können. Davon sollte man jedoch Abstand nehmen, da dies zu empfindlichen Hautreizungen führen kann.

*Nostalgisches, Magisches und Mythisches:* Vor der Einführung der Baumwolle spielte die Große Brennnessel als Faserpflanze eine wichtige Rolle. Vom 15. bis zum 17. Jahrhundert versuchte man in Deutschland wiederholt, eine „Nesselgarn-Industrie" zu etablieren, allerdings mit wenig Erfolg. Wahrscheinlich war es zu aufwendig, die festen, langen Bastfasern aus den Stängeln der Großen Brennnessel zu gewinnen, weil sie dazu einer langwierigen „Rotte" und einem anschließenden Kochprozess mit Lauge unterzogen werden mussten. Das früher gehandelte Nesselgarn und das weiße Nesseltuch sind heute in Vergessenheit geraten, letzteres lebt nur noch im Märchen von den Sieben Raben fort.

*Brennnessel selbst anbauen:* Eigentlich wächst die Große Brennnessel an einem tiefgründigeren, nährstoffreichen Fleckchen im Garten von selbst. Wichtiger ist es heute fast, davor zu warnen, diese wunderbare Pflanze auszureißen. Wer dennoch keine Brennnessel im Garten hat, kann sie leicht durch das Einsetzen von ausgegrabenen Rhizomen bei sich ansiedeln. Abgesehen vom kulinarischen Wert für den Menschen, ist sie auch eine wichtige Futterpflanze für die Raupen verschiedener Tagfalter, wie Tagpfauenauge oder Kleiner Fuchs. Wir sollten die köstliche Brennnessel mit den schillernden Tagfaltern teilen und sie zu unser aller Vorteil gedeihen lassen.

## Dost

Oregano, Echter Dost, Brauner Dost
Wilder Majoran, Wohlgemut
*Origanum vulgare (Lamiaceae)*
**Sommer**

*Dost, blühende Pflanzen*

*Verwendete Pflanzenteile:* Blätter der blühenden Pflanze, Blütentriebe

*Erntezeit:* Juni bis Herbst

*Vorkommen:* Der duftende Dost ist ein Sonnenkind und liebt kalkhaltigen Boden. Er wächst an warmen, trockenen, sonnigen Stellen wie auf Waldschlägen, an Buschsäumen, Wegen und Böschungen und in lichten Eichen- und Kiefernwäldern. Er gedeiht nicht nur in der Ebene, sondern ist auch in den Bergen zu finden, hier allerdings nur bis in eine Höhe von etwa 1800 m. Die recht häufige Pflanze ist mehrjährig, was sie für Garten und Balkon interessant macht.

*Aussehen und Geschmack:* Am sichersten erkennt man den Dost, wenn er blüht, was etwa ab Juni der Fall ist. Die rotvioletten Blütenstände sind flach halbkugelig. Bei genauerer Betrachtung sieht man, dass die Kelchblätter

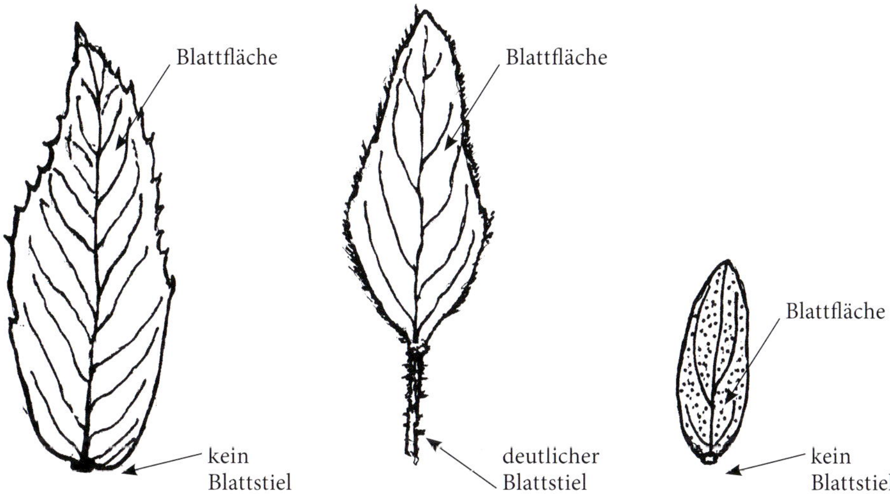


**Rossminze**
Blatt dicht flaumig behaart

**Dost**
Blatt wenig behaart

**Echtes Johanniskraut**
Blatt drüsig punktiert

satt dunkelviolett, die winzigen Lippenblüten zartrosa bis karminrot sind. Dieser harmonische Farbkontrast macht den Dost zu einer auffallenden Schönheit. Blühend erreicht er eine Höhe von 20-60 cm. Hält man die Pflanze gegen das Licht, so sieht man, dass Blätter und Stängel behaart sind. Letztere sind oben häufig rotviolett überlaufen. Die eiförmigen Blätter sitzen zu zweit am Blattknoten, sind ungeteilt, sattgrün, entweder ganzrandig oder schwach gekerbt. Der Blattstiel ist deutlich, etwa 1 cm lang. Der Dost duftet und schmeckt angenehm aromatisch, ein wenig nach Lavendel.

*Echtes Johanniskraut, blühend*

**Doppelgänger:**
Den nicht blühenden Dost könnte man mit den Johanniskraut- oder Hartheu-Arten (*Hypericum spp.; Hypericaceae*) verwechseln. Deren Blätter sind zwar geruch- und geschmacklos, aber nicht giftig. Sie sind zumeist drüsig punktiert, haben keinen deutlichen Blattstiel und sind auch viel kleiner als die Blätter des Dostes. Die Johanniskraut- oder Hartheu-Arten blühen mit auffallenden, gelben, sternförmigen Blüten und werden in der Heilkunde gegen Depressionen verwendet.

***Ernte und Verarbeitung:*** Man erntet den blühenden Dost, indem man ihn etwa 15 cm über dem Boden mit einem Messer oder einer Schere abschneidet. Man verwendet die frischen oder getrockneten Blätter und Blütentriebe. Der duftende Dost wird auch als Oregano gehandelt und ist ein hervorragendes Gewürz für Zutaten oder Speisen, die ein kräftiges und doch liebliches Aroma vertragen. Dazu gehören Tomaten, Zucchini, Melanzane, Frischkäse, Faschiertes (Hackfleisch), Sugo, Pilze, Leber, Terrinen und Pizza.

*Kulinarisches:* Das herrliche Aroma des Dostes verleiht den Speisen eine italienische Note und harmoniert besonders mit Knoblauch, Tomaten und Zucchini, etwa wenn man das Gemüse würzt und mit Mozzarella überbäckt. Ich würze auch sehr gerne Faschiertes mit Dost, der eine andere Geschmacksnote ergibt als Thymian oder Majoran, die man sonst dafür verwendet.

*Gesundheit:* Der Dost enthält Aromastoffe (u. a. Carvacrol) sowie spezielle Gerb- und Bitterstoffe. Er wirkt anregend, verdauungsfördernd und antimikrobiell.

*Dost selbst anbauen:* Will man es sich ersparen, den Dost am Naturstandort auszugraben, so kann man im Fachhandel sowohl Saatgut wie auch Jungpflanzen erwerben. Wichtig für das Gedeihen des Dostes ist ein kalkhaltiger Boden, der nicht zu feucht sein soll, viel Sonne und mäßiges Gießen.

## Gänseblümchen

Gewöhnliches Gänseblümchen
Maßliebchen, Tausendschön
*Bellis perennis (Asteraceae)*
**Frühling**

*Gänseblümchen, blühende Pflanze*

*Verwendete Pflanzenteile:* Blätter, Blütenköpfchen

*Erntezeit:* ab März mehr oder minder das ganze Jahr über

*Vorkommen:* Das entzückende Gänseblümchen ist eine Pflanze der nährstoffreichen Wiesen und Weiden. Man findet es aber auch in Park- und Gartenrasen und an Wegrändern. Weil es ausdauernd ist und überdies nicht sehr empfindlich, erfreut es uns fast das ganze Jahr über, vorausgesetzt, der Winter ist nicht übermäßig streng und begräbt nicht alles unter Schnee und Eis. Das Gänseblümchen kommt bis in untere Gebirgslagen, also bis etwas über 1000 m vor.

*Aussehen und Geschmack:* Meist erkennen wir das Gänseblümchen nur, wenn es uns freundlich mit seinen gelb-weißen Blütenköpfchen zunickt. Wenn wir genauer hinsehen, entdecken wir eine kleine Blattrosette mit behaarten, länglichen, am Ende verbreiteten und abgerundeten (spateligen) Blättern. Die zierlichen Blütenköpfchen sitzen an einem ebenfalls behaarten, blattlosen Schaft. Halbiert man ein Blütenköpfchen der Länge nach, so sieht man, dass der Korbboden aufgewölbt und hohl ist. Das unterscheidet das Gänseblümchen von einer sehr ähnlich aussehenden Pflanze, dem Alpenmaßlieb oder Sternlieb. Die Blütenköpfchen schmecken leicht herb, die Blätter zartbitter.

**Doppelgänger:**

Das Alpenmaßlieb oder Sternlieb (*Aster bellidiastrum; Asteraceae)* sieht aus wie ein großes Gänseblümchen und wächst zwischen etwa 1000 bis 2000 m, also in höheren Lagen als das Gänseblümchen. Die Blätter der Blattrosette sind im Gegensatz zum Gänseblümchen spitz. Halbiert man die Blütenköpfchen, so sieht man, dass der aufgewölbte Blütenboden voll ist und nicht hohl wie beim Gänseblümchen. Über seine Verwendung ist nichts bekannt.

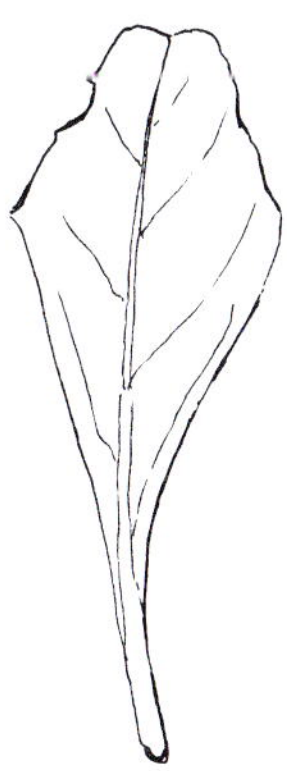

*Gänseblümchen, Blatt*

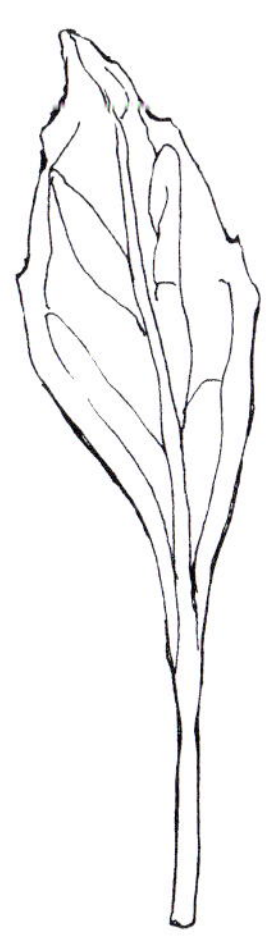

*Alpenmaßlieb, Blatt*

*Ernte und Verarbeitung:* Die jungen Blätter des Gänseblümchens können roh Salaten beigegeben werden. Die Blütenköpfchen sind überdies eine sehr hübsche Garnitur für Süppchen, Wildspinat, Salat, aber auch für Schokolademus. Die älteren Blätter verwendet man am besten gekocht, da sie roh schon zu derb schmecken. Sie eignen sich für Kräutersüppchen und Mischspinat.

Da das Gänseblümchen ohnehin fast ganzjährig verfügbar ist, sollte es stets frisch verwendet werden.

*Kulinarisches:* Das Gänseblümchen, ein Winzling unter den Korbblütlern *(Asteraceae)*, verfügt nicht über den ausgeprägten Geschmack anderer Familienmitglieder wie Löwenzahn oder Kohldistel. Es ist mehr eine Zutat für eine köstliche Gesamtkomposition aus mehreren Kräutern.

*Gesundheit:* Als Besonderheit enthält das Gänseblümchen Substanzen (Saponine), die in der Heilkunde verwendet werden. Gänseblümchenblüten werden verschiedenen Teemischungen und „Blutreinigungsmitteln" hinzugefügt. Die Volksmedizin kuriert damit Hauterkrankungen, Fieber und Husten.

*Gänseblümchen selbst anbauen:* Der Gartenfachhandel bietet heute etliche Zierformen mit gefüllten Blütenköpfchen an, die in Farbnuancen von Weiß, Rosa bis Rot erhältlich sind. Auch sie kann man verwenden. Wer es aber einfacher und puristisch liebt, der setzt besser ein Gänseblümchen von der nächsten Wiese in den Garten, es muss ja nicht von der des Nachbarn sein.

# Gänsefuß

„Moltn"
Weißer Gänsefuß
*Chenopodium album (Chenopodiaceae)*
**Sommer**

*Weißer Gänsefuß, Blätter*

***Verwendete Pflanzenteile:*** Blätter
***Erntezeit:*** August bis Oktober
***Vorkommen:*** Der Weiße Gänsefuß ist ein zäher Pionier, der als einer der Ersten Schutthalden, Brachen und sonstige vom Menschen vernachlässigte Plätze besiedelt. Er kommt aber auch an Wegen, auf Äckern und in Gärten vor. Er bevorzugt nährstoffreichen Boden und gedeiht bis auf etwa 1500 m.
***Aussehen und Geschmack:*** Der Weiße Gänsefuß fällt durch seine mattgrüne Farbe auf. Er wirkt ein wenig wie mit Mehl bestäubt, aber nur die jungen Triebspitzen sind deutlich weißlich. Obwohl er immerhin bis zu 2 m hoch werden kann, wirkt er zierlich, was an den hübschen, zarten, aber eher kleinen Blättern liegen mag. Sie sitzen an einem aufrechten, deutlich gerieften Stängel, der manchmal rot überlaufen ist. Die Blätter sind von einem matten Graugrün und haben einen dünnen, etwa 2 cm langen, schwach gerieften Blattstiel. Die Blattfläche ist etwa 4 cm lang, rhombisch und unregelmäßig gezähnt. Die Blatt-Unterseite ist häufig etwas heller und zeigt einen weißlichen, abreibbaren Belag. Von Juli bis in den Herbst hinein blüht der Weiße Gänsefuß mit grünen, schmalen, aufwärts strebenden Blütenrispen. Er ist besonders leicht zu finden und zu sammeln, wenn er seine rundlichen Fruchtknäuel trägt. Die Blätter sind geruchlos und schmecken roh angenehm mild und schwach nussartig.

**Doppelgänger:**
Der Sautod-Gänsefuß oder Bastard-Gänsefuß *(Chenopodium hybridum)*
Der Sautod-Gänsefuß macht einen wesentlich bulligeren Eindruck als der zarte Weiße Gänsefuß und hat viel größere, 3- bis 5-eckige, glänzende Blätter, die unterseits nicht bemehlt sind. Sie riechen beim Zerreiben herb bis unangenehm, schmecken schlecht, fast scharf, und werden deshalb nicht verwendet. Über ihre Gefährlichkeit für den Menschen weiß man nichts.

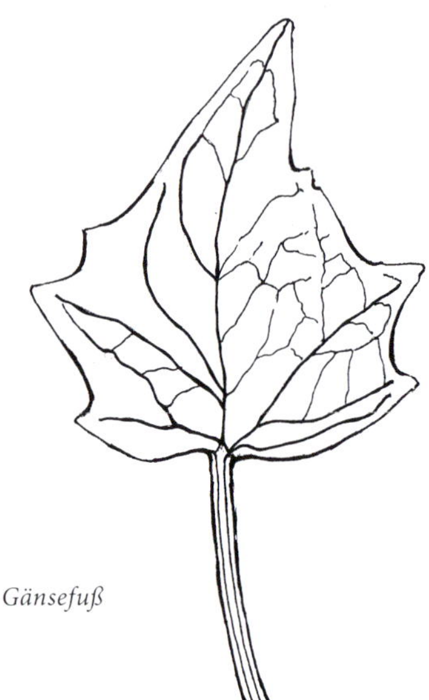

*Sautod-Gänsefuß*

*Ernte und Verarbeitung:* Die zarten Blätter des Weißen Gänsefußes sind für den Sammler eine Herausforderung, aber die Geduld beim Ernten wird reichlich belohnt. Es empfiehlt sich, die Blätter in einer Plastiktüte zu transportieren, weil sie sonst leicht welken. Man kann den Weißen Gänsefuß auch mit dem Amarant (S. 22) mischen, dessen Blätter schneller zu ernten sind. Ratsam ist es, gleich mehr zu ernten und einen Teil davon für den Winter einzufrieren.

Vor der Weiterverarbeitung ist Blanchieren unumgänglich und garantiert ein nitratarmes Gericht. Die blanchierten Blätter werden fein gehackt und weiterverwendet oder für später eingefroren. Aus dem Weißen Gänsefuß lassen sich köstliche Beilagen, Suppen, Aufläufe und Lasagne herstellen.

*Kulinarisches:* Geschmacklich zählt der Weiße Gänsefuß zu den feinsten Wildgemüse-Arten und ist ähnlich edel wie die Kohldistel. Im Vergleich dazu ist Kultur-Spinat viel herber und nur ein müder Ersatz.

*Weißen Gänsefuß selbst anbauen:* Am besten sammelt man vom Weißen Gänsefuß im Oktober die Fruchtknäuel und sät die Samen an einer freien Stelle im Garten oder auf dem Komposthaufen aus. Auch ein Balkontrog ist hiefür geeignet.

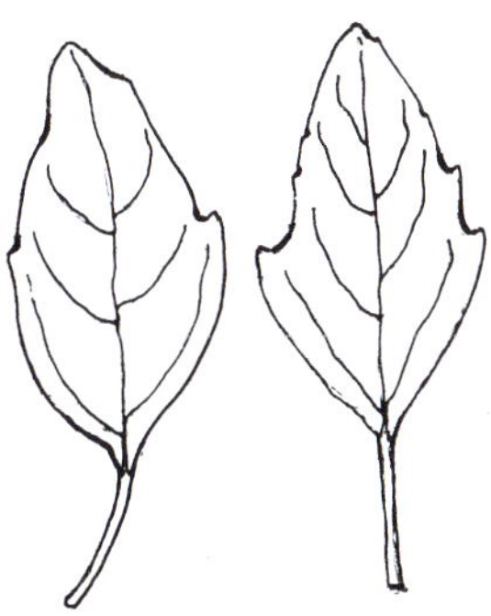

*Weißer Gänsefuß*

## Giersch

Geißfuß, Dreifuß, Zipperleinkraut Podagrakraut, Erdholler, Krähenhaxen
*Aegopodium podagraria (Apiaceae)*
**Frühling**

*Girsch, Blatt*

*Verwendete Pflanzenteile:* junge Blätter, Blätter knapp vor der Blüte

*Erntezeit:* März bis Anfang Mai

*Vorkommen:* Der Giersch mag es etwas feucht und nährstoffreich. Er kommt bis auf etwa 1000 m oft massenhaft vor in Au- und Laubwäldern, unter schattigen Gebüschen und Hecken, auf Wiesen und in Gärten, dort wegen seiner Beharrlichkeit häufig zum Leidwesen ambitionierter Gärtner.

*Aussehen und Geschmack:* Der Giersch hat hellgrüne, kahle, glänzende, deutlich dreiteilige bis doppelt dreiteilige Fiederblätter, die Holunderblättern ähneln (daher auch Bezeichnungen wie „Erdholler"). Die jungen Blätter sind samt Blattstiel etwa 25 cm lang und haben vergleichsweise große Blättchen (Fiedern). Diese sind etwa 5 cm lang, eiförmig und spitz. Sie haben einen gesägten Blattrand, die meist paarigen seitlichen Blättchen sind asymmetrisch. Sie erinnern an einen zweispaltigen Geißfuß, weswegen man die Pflanze auch so nannte.

Der Giersch verströmt beim Zerreiben einen angenehmen, deutlich aromatischen Geruch, der an ein Gemisch aus Karotte, Sellerie und Pastinake erinnert. Er schmeckt auch so und gehört zu den kulinarisch interessantesten Wildgemüsen. Man erntet seine Blätter etwa bis Juni, also bis zu dem Zeitpunkt, wo er mit auffälligen, weißen Dolden blüht. Unterirdisch hat der Giersch ein Rhizom und Ausläufer, die ihn zu einem – häufig ungebetenen – Dauergast im Garten machen.

**Doppelgänger:**

Aromatischer Kälberkropf

*Chaerophyllum aromaticum (Apiaceae)*

Der vergleichsweise viel seltenere Aromatische Kälberkropf ist vom Blatt her dem Giersch sehr ähnlich, allerdings ist dieses deutlich behaart und graugrün. Es riecht beim Zerreiben zwar leicht aromatisch, aber nicht wie der Giersch. Der Aromatische Kälberkropf wird in der Küche nicht verwendet.

*Aromatischer Kälberkropf, Blatt*

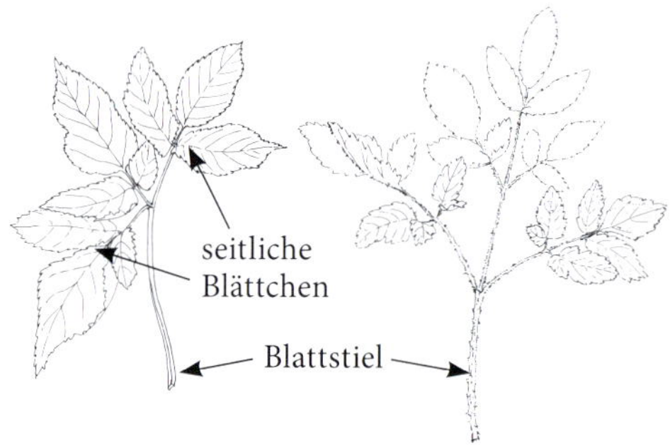


**Giersch** kahl **Aromatischer Kälberkropf,** behaart

***Ernte und Verarbeitung:*** Die jungen Blätter des Gierschs sind zarter, die älteren aromatischer. Hervorragend schmecken sie beide, man kann sie mit geringem Aromaverlust auch gut einfrieren. Giersch ist durch sein starkes Aroma so dominant, dass man ihn perfekt allein zu köstlichen Suppen, Beilagen und Aufläufen verarbeiten kann. Er lässt sich aber auch mit Brennnessel, Taubnessel und dem Gundermann zu Suppen und Mischspinat kombinieren. Roh verträgt er sich gut mit allen Blattsalaten.

***Kulinarisches:*** Gerichte mit Giersch sind von unvergleichlich zartem und doch herzhaftem Aroma und Geschmack. Kein mir bekanntes Kulturgemüse schmeckt ähnlich elegant und nuanciert. Ich bevorzuge Gerichte mit Giersch pur, weil hier sein herrliches Aroma voll zur Geltung kommt.

***Gesundheit:*** Giersch ist reich an Vitamin C und deshalb ein besonders gesundes Wildgemüse. Die Aromastoffe wirken anregend auf Verdauung und Appetit, möglicherweise sogar entzündungshemmend.

***Nostalgisches:*** Gierschblätter waren der Hauptbestandteil der früher vielerorts üblichen „Neunstärke", einer Frühlingskräutersuppe, die besonders am Gründonnerstag gegessen wurde (s. S. 114). Da die 3-zähligen

Blätter an ein Kreuz erinnern, sagte man dem Giersch nach, ein heiliges Kraut zu sein. Es wurde dem heiligen Gerhard geweiht, einem wohltätigen Abt, der im 10. Jahrhundert lebte. Der Giersch galt als wirksames Mittel gegen die Gicht, namentlich die Fußgicht (Podagra, daher auch der lateinische Artbeiname der Pflanze, *podagraria)* und als Wundheilmittel.

*Giersch selbst anbauen:* Der Giersch lässt sich leicht selbst anbauen, indem man die reifen Früchte, welche man von den Pflanzen etwa Ende August ernten kann, an einem schattigen, nicht zu trockenen Plätzchen im Garten ausbringt. Man kann auch ein Stück des unterirdischen Rhizoms einsetzen.

Viel häufiger wird man den Giersch als lästiges Unkraut im eigenen Garten empfunden haben. Dass man damit einen kulinarischen Schatz besitzt, sollte Anlass genug sein, dem Giersch dort einen Platz zu vergönnen.

## Gundermann

Echt-Gundelrebe
Gewöhnliche Gundelrebe
Erdefeu, Grundefeu
*Glechoma hederacea (Lamiaceae)*
**Frühling**

*Gundermann, blühende Pflanze*

*Verwendete Pflanzenteile:* Blätter, Blüten
*Erntezeit:* Blätter ab April bis etwa Juni, Blüten ab April bis etwa Juni

*Vorkommen:* Welcher Gartenbesitzer kennt den Gundermann nicht? Er gilt ob seiner Beharrlichkeit als lästiges Unkraut, wenngleich man ihn eher als guten Freund betrachten sollte, weil er ein hervorragendes Wildgewürz ist. Außerdem durchbricht er die Sterilität rein grüner Rasenflächen. Außer in Gärten findet man den Gundermann in Auwäldern, unter Gebüschen und auf nährstoffreichen Wiesen. Er kommt bis in Höhen von 1000 m vor.

*Aussehen und Geschmack:* Der Gundermann ist graugrün und botanisch mit den Taubnesseln verwandt. Allerdings ist er kleiner, er wird höchstens 40 cm hoch. Auch bei ihm sitzen immer zwei Blätter an einem Knoten.

Diese sind relativ klein, herzförmig und besitzen einen gekerbten Blattrand. Sie sind – so wie die ganze Pflanze – behaart. Die Blätter duften beim Zerreiben aromatisch. Ihr Geschmack ist herb und leicht bitter. Blühende Pflanzen zeigen einen stockwerkartigen Bau. Die Blüten sitzen in Büscheln in der Achsel von Blättern und sind blauviolett. Ihnen fehlt die Oberlippe. Sie erzeugen Nektar und schmecken deshalb süßlich. Unterirdisch bildet der Gundermann Ausläufer, die der Grund für seine Beharrlichkeit in schmucken Gartenrasen sind.

**Doppelgänger**

Die Taubnessel (*Lamium spp.*), s. S. 74

***Ernte und Verarbeitung:*** Die Blätter des Gundermanns werden als apartes Wildgewürz verwendet. Man erntet sie von blühenden Pflanzen, weil dann das Aroma am stärksten ist. Gundermannblätter verwendet man etwa zusammen mit der Schafgarbe für Kräutersüppchen, die als Basis ein Gemisch aus Brennnesseln und Taubnesseln haben. In einer Plastiktüte halten die Blätter problemlos im Kühlschrank ein bis zwei Tage frisch. Blanchieren vor der Weiterverarbeitung ist nicht nötig. Man wiegt das Gewürz fein, gibt es der Suppe bei und lässt es etwas mitkochen. Die Blätter sind auch zum Trocknen geeignet, wenngleich ihr Aroma dann deutlich abnimmt. Sie können anschließend zu Kräutersalz verarbeitet werden. Die rohen Blüten sollten sofort verwendet werden, da sie leicht welken.

***Kulinarisches:*** Der Gundermann verleiht Kräutersuppen ein kräftiges, angenehmes Aroma und einen aparten, herben Geschmack. Wichtig ist, dass man ihn nicht im Übermaß verwendet, weil die Gerichte sonst herb-bitter und eher nach Arznei schmecken. Die frischen, süßlichen Blüten sind eine schmucke Dekoration für Suppen, Saucen, Salate und Süßspeisen.

***Gesundheit:*** Der Gundermann enthält Aromastoffe (ätherisches Öl), Bitterstoffe, Gerbstoffe und noch etliche andere Substanzen. Wie neuere Forschungen zeigen, haben einige von ihnen Schutzwirkung und können Sauerstoffradikale fangen, die als Folge von Stress entstehen. Speziell die Bitterstoffe wirken anregend auf Verdauung und Appetit. Kräutersüppchen mit Gundermann sind deshalb wunderbare „appetizer“.

***Gundermann selbst anbauen:*** Hat man einen Garten und keinen mit Rasenziegeln bestückten Golfplatz, so kommt der Gundermann wahrscheinlich ganz von alleine. Falls man sichergehen möchte, setzt man einige Pflanzen ein. Der Rest erledigt sich von selbst, weil der Gundermann rasch unterirdische Ausläufer bildet und sich flott vermehrt. Er blüht ab April bis in den Sommer hinein und schmückt mit seinen blauvioletten Blüten jeden allzu grünen Rasen.

# Guter Heinrich

*Chenopodium bonus-henricus*
*(Chenopodiaceae)*
**Sommer**

*Guter Heinrich, blühende Pflanzen*

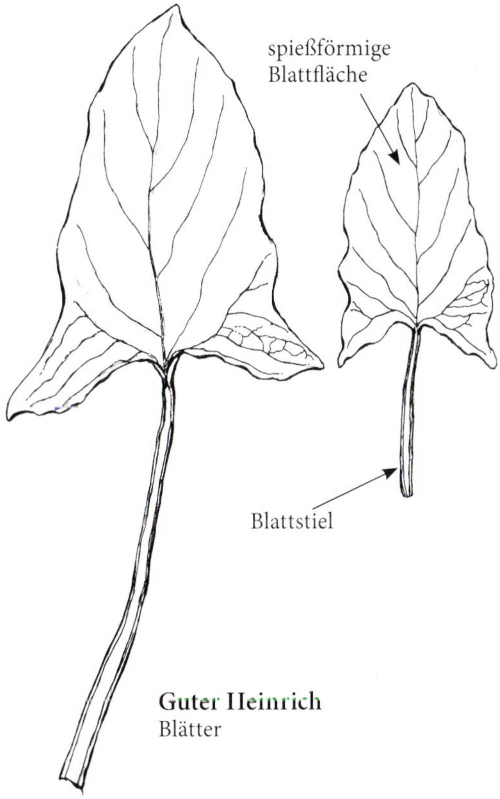


**Guter Heinrich**
Blätter

*Verwendete Pflanzenteile:* Blätter und die jungen Sprossspitzen
*Erntezeit:* Juni bis September
*Vorkommen:* Der Gute Heinrich wächst gerne in der Nähe des Menschen. Man findet ihn auf Viehweideplätzen und Düngerstätten, um Gehöfte und Ställe, an Zäunen und Dorfstraßen, aber auch auf Schutt und um Sennhütten. In der Ebene ist der Gute Heinrich selten anzutreffen, er liebt die Berge, kommt also ab einer Höhe von ca. 500 m bis in alpine Regionen von ca. 2000 m vor. Er überdauert den Winter dank eines kräftigen Rhizoms.
*Aussehen und Geschmack:* Der Gute Heinrich ist blühend eher niedrig (zwischen 30 und 80 cm) und an seinen weichen, ährenartigen, oft nickenden gelbgrünen Blütenständen leicht erkennbar. Die Blüten selbst sind winzig und unscheinbar. Die ganze Pflanze ist mattgrün und wirkt fast zierlich.

Der Gute Heinrich besitzt keine Blattrosette, sondern einen beblätterten Stängel. Die Blätter selbst haben einen harten, langen, durch eine Mittelrinne gekennzeichneten Blattstiel und eine breit spießförmige Blattfläche. Die Blätter der recht eleganten Pflanze haben eine für den Sammler ermutigende Größe, sie sind 8 bis 11 cm lang und etwa 8 cm breit. Sie erinnern an Spinatblätter, nur sind sie matt und nicht glänzend wie diese. Speziell die Blatt-Unterseite ist beim Guten Heinrich mehlig bestäubt, wenn man die Pflanze anfasst, so bleibt ein feiner Belag auf den Fingern zurück.
Der Geschmack ist herb, übertrifft hierin sogar den Kultur-Spinat, ist aber kulinarisch interessant.
*Ernte und Verarbeitung:* Man erntet die Blätter am besten dann, wenn die Pflanze blüht.

Dies hat den Vorteil, dass man sie leichter findet. Der Fortgeschrittene, der die Pflanze auch nicht blühend erkennt, kann natürlich auch deren Blätter sammeln. Sie sind dann zarter, weil jünger. Man verwendet nur die Blattfläche und nicht die harten Blattstiele. Wie bei den anderen Wildspinat-Arten werden die Blätter vor der Weiterverarbeitung blanchiert und eignen sich auch zum Einfrieren. Die jungen Triebspitzen können wie Spargel zubereitet werden und sind zumindest einen Versuch wert.

*Kulinarisches:* Suppen, Aufläufe, Soufflés, Nocken oder simple Beilagen, all das sind Verwendungsmöglichkeiten für den Guten Heinrich. Sein herber Geschmack verleiht den Gerichten eine gleichsam persönliche Note, die sich aber durch Zugabe von Obers, Sauerrahm oder Béchamel von einer sanfteren Seite zeigt.

*Nostalgisches:* Seinen Namen verdankt der Gute Heinrich seiner beharrlichen Verbindung zum Menschen. Eine andere Deutung des Namens bringt ihn mit der legendären Gestalt des aussätzigen „Armen Heinrich" in Verbindung.

*Guten Heinrich selbst anbauen:* Dies gelingt wahrscheinlich am besten, wenn man einige Pflanzen vorsichtig ausgräbt und sie an ein gut gedüngtes, zumindest teilweise schattiges Plätzchen im Garten setzt.

## Heckenrose, Hagebutten

Hunds-Rose, Rose

*Rosa canina agg.* (*Rosaceae*)

**Frühling: Blüten**

**Herbst: Hagebutten (Früchte)**

*Heckenrose, blühende Pflanze*

*Verwendete Pflanzenteile:* Blüten und Früchte ( Hagebutten)

*Erntezeit:* Blüten im Mai, Früchte Oktober bis November

*Vorkommen:* Der mit Stacheln bewehrte Strauch braucht Sonne und wächst daher an Waldsäumen, Wegrändern, in Hecken und lichten Wäldern. Er benötigt zum Gedeihen warme, nicht zu feuchte Lehmböden und kommt bis in mittlere Gebirgslagen (ca. 1300 m) vor.

*Aussehen und Geschmack:* Für den Botaniker gibt es nicht „die Heckenrose" sondern viele, einander sehr ähnliche Arten. Diese „Heckenrosologie" versteckt sich im Kürzel „agg." nach dem lateinischen Namen. Da prinzipiell alle Heckenrosen nutzbar sind, reicht es, sie als solche zu erkennen: an den unzähligen spitzen Stacheln, die unregelmäßig an den Zweigen sitzen und an den 5 bis 7-zähligen Blättern (Fiederblätter), die an ihrer Basis zwei auffällige, hellere Nebenblätter tragen.

### *Rosenblüten*

Die Pflanzen blühen im Mai mit weißen oder rosafarbenen, duftenden, aber auch geruchlosen, 5-zähligen Blüten. Sinnvoll ist es, nur die duftenden Blüten zu verwenden – frisch oder getrocknet. Sie schmecken aromatisch nach Rosenöl.

### *Hagebutten*

Die Frucht (botanisch eine Sammelnussfrucht) sieht aus wie ein kleiner, geschlossener Krug. Sie ist leuchtend rot und hat am oberen Ende ein schwarzes Mal (Blütenreste). Dem genauen Beobachter fällt allerdings die unterschiedliche Form der Früchte auf und er denkt spätestens dann – zumindest kurz – an die schwierige „Heckenrosologie". Die Früchte enthalten behaarte Nüsschen, die vor dem Rohgenuss oder während der Verarbeitung entfernt werden müssen. Sie führen sonst zu Reizwirkung beim Schlucken. Hagebutten lösen sich nicht leicht von den Fruchtstielen und müssen gepflückt werden. Sie schmecken angenehm säuerlich.

### *Ernte und Verarbeitung:*

**Blüten**

Die frisch geöffneten Blüten eignen sich zum Veredeln eines Weißweingelees oder einer Bowle. Zum Trocknen kann man entweder die blühenden Zweige schneiden, bündeln und kopfüber aufhängen oder die Blüten pflücken und auf ein sauberes Tuch legen. Wichtig ist rasches Trocknen, im Schatten und an einem gut durchlüfteten Ort. Die trockenen Blüten bewahrt man in einem gut verschließbaren Glas auf. Sie lassen sich leicht zerreiben und mit Zucker mischen. Rosenzucker duftet besonders sinnlich. Er ist nicht nur ein hübsches Geschenk, sondern auch ein feines Kuchengewürz.

*Heckenrose, Hagebutte*

**Hagebutten**

Vitaminreicher sind Hagebutten, die vor dem ersten Frost geerntet wurden, daher empfiehlt es sich, diesen nicht abzuwarten. Um die schwarzen Blütenreste an den Früchten zu entfernen, reibt man sie am besten gründlich mit einem Geschirrtuch ab.

Wie bei allen Wildfrüchten erfolgt die Verarbeitung im Ganzen, wobei die Härchen des Fruchtinneren im Passier-Rückstand verbleiben. Leichter zu verarbeiten sind eingefrorene oder abgelegene Hagebutten, aber auch hier erfordert der erste Passiergang größere Muskelkraft als bei den anderen Wildfrüchten. Hagebutten lassen sich gut mit Äpfeln und Birnen mischen, ohne an Charakter zu verlieren.

Einen Teil der Hagebutten sollte man trocknen, denn sie ergeben einen wärmenden Wildfrucht-Tee im Winter.

*Kulinarisches:* Das feine Aroma des Rosenzuckers macht aus jedem Hefeteig eine sinnliche Überraschung. Tee aus den Rosenblüten schmeckt angenehm blumig und erfreut speziell an kalten Winterabenden.

Marmeladen und Gelees aus Hagebutten leuchten orangerot und schmecken höchst delikat. Auch frisch zubereitete Hagebutten sind eine Köstlichkeit, und die Hagebutten-Suppe ist wirklich zur Nachahmung zu empfehlen. Marmeladen und Gelees eignen sich nicht nur als Brotaufstrich, sondern auch als Fleischbeilage, etwa zu Wild oder gebratenem Geflügel wie Ente oder Gans. Ein hübsches Dessert ist ein Apfelmus, abwechselnd mit Hagebuttenmus angerichtet, oder Hagebutten-Sorbet.

*Gesundheit:* Duftende Rosenblüten enthalten Aromastoffe (Damascenon, Rosenoxid), die als Rosenöl aus verschiedenen kultivierten Rosenarten (Zentifolie, Damaszener Rose, Samt- oder Essigrose) gewonnen werden. Rosenöl gilt als stimmungsaufhellend. Obwohl Rosenblütentee keinen Platz in der europäischen Heilkunde hat, empfehlen ihn manche Apotheker als Mittel gegen graue Gedanken an noch graueren Wintertagen.

Hagebutten enthalten Fruchtsäuren, Gerbstoffe, Zucker, Karotinoide, Spuren von Flavonoiden und blauen Farbstoffen (Anthocyanen), Pektin und große Mengen Vitamin C. 100 g rohe Früchte decken bei weitem den Tagesbedarf an Vitamin C. Trocknen und Erhitzen, aber auch Einfrieren verringern den Vitamin-C-Gehalt deutlich. Hagebutten-Marmelade wirkt dank der Fruchtsäuren gegen Verstopfung. Die abführende und harntreibende Wirkung von Hagebutten-Tee ist umstritten.

*Nostalgisches, Mystisches und Magisches:* Im Altertum galt besonders die weiß blühende Wildrose als Symbol der Verschwiegenheit. Die Redewendung, jemandem etwas „sub rosa“ zu erzählen, bedeutete, man möge dieses gefälligst für sich behalten. Tatsächlich sollten die bei Gelagen an der Decke angebrachten Rosen die Gäste an die Verschwiegenheitspflicht, selbst in weinseliger Laune, erinnern. Später wurden gemalte oder geschnitzte Rosen als „Deckenrosetten“ verwendet, die wir heute noch kennen.

*Heckenrosen selbst anbauen:* Die Heckenrose gedeiht gut auf frischen, warmen, nicht zu feuchten Böden. Sie benötigt Kalk für ein gutes Wachstum und ist eine recht dankbare Heckenpflanze.

# Holunder

Schwarz-Holunder, „Flieder“
Deutscher Flieder, Maßholder
*Sambucus nigra (Sambucaceae)*
**Frühling: Blüten**
**Herbst: Früchte**

*Schwarzer Holunder, fruchtend*

*Verwendete Pflanzenteile:* Blüten, die reifen Früchte

*Erntezeit Blüten:* Ende April bis Juni, in höheren Lagen auch bis Juli

*Erntezeit reife Früchte:* Ende August bis Oktober

*Vorkommen:* Der Schwarze Holunder braucht feuchten und nährstoffreichen Boden, um sich wohl zu fühlen. Er gedeiht daher in Laub- und Auwäldern, an Ufern, in Gebüschen, an Zäunen und Wegrändern. Ursprünglich waren vermutlich nur die Flussufer und die Auwälder sein Terrain, aber weil der Mensch ihn gerne anbaute, kommt er heute vielerorts vor. Er wächst von der Ebene bis hinauf in die Alpentäler. Auch heute wird er häufig kultiviert, und man baut vor allem leistungsfähige Sorten an, die reichlich Blüten und Früchte liefern.

*Aussehen und Geschmack:* Der Schwarze Holunder ist ein bis etwa 7 m hoher Baum oder Strauch mit hellbrauner bis grauer Rinde. Seine Zweige haben innen ein weißes Mark, die dunkelgrünen Fiederblätter erscheinen vor den Blüten. Die Blätter sind unpaarig gefiedert und haben zwei bis drei Paare spitze, längliche Blättchen (Fiedern), die beim Zerreiben unangenehm riechen.

*Schwarzer Holunder, blühend*

**Blüten**

Wenn der Schwarze Holunder blüht, so verwandelt er sich in eine elegante Schönheit. Seine fragilen weißen Scheindolden duften süßlich und herb-aromatisch. Sie messen etwa 15 cm im Durchmesser und bestehen aus vielen winzigen 5-zähligen Einzelblüten mit gelben Staubbeuteln. Sie schmecken süßlich angenehm und ganz speziell aromatisch – eben nach Holunder. Man kann die rohen Blüten ruhig kosten, um festzustellen, ob einem das ihnen eigene Aroma entgegenkommt oder nicht. Nur wenn es passt, sollte man die Blüten essen, andernfalls sind sie auch ein wunderschöner Schmuck für jede Vase.

**Früchte**

Im Herbst tragen die flachen Scheindolden kleine, kugelige, blauschwarze, mehrkernige (Stein)Früchte. Geruch und Geschmack sind charakteristisch, schwer zu beschreiben und nicht jedermanns Sache. Der blaue Farbstoff (chemisch Anthocyane) verursacht nicht nur hartnäckige Flecken, sondern wird auch in der Lebensmittelindustrie verwendet, um Fruchtsäfte und andere Lebensmittel zu färben. Er hat überdies positive gesundheitliche Wirkungen (s. S. 126).

## Doppelgänger:

*Attich, blühend*

Zwerg-Holunder oder Attich (*Sambucus ebulus; Sambucaceae* ), manchmal auch „Wilder Holler" oder „Schindholler" genannt.

Der Attich kann neben dem Schwarzen Holunder wachsen und bevorzugt ganz ähnliche Standorte. In Norddeutschland kommt er vergleichsweise selten vor. Er ist kein Baum oder Strauch, sondern eine krautige, grünstängelige Staude, die nur bis etwa 1 ½ m hoch wird. Sie überdauert unterirdisch mit einem Rhizom. Die Pflanze strömt einen eher widerlichen Geruch aus.

Blüten: Die Blütendolden sind etwas kleiner als beim Schwarzen Holunder, riechen nach bitteren Mandeln und haben violette Staubbeutel.

Früchte: Die blauschwarzen Früchte bilden kompaktere und kleinere Scheindolden. Sie wirken stark abführend und wurden früher als Färbemittel, interessanterweise für Wein, verwendet.

Der Attich gilt als giftig, daher wird er nicht für kulinarische Zwecke verwendet.

*Attich, fruchtend*

Trauben-Holunder oder Rot-Holunder ( *Sambucus racemosa; Sambucaceae*).

Diese Holunder-Art heißt treffend auch „Bergholler", weil sie im Gegensatz zum Schwarzen Holunder häufig im Gebirge vorkommt. Dies gilt insbesondere für Süd- und Mitteldeutschland sowie für Österreich und die Schweiz, nicht jedoch für Norddeutschland, wo die Pflanze seltener ist.

Ähnlich wie der Schwarze Holunder ist auch

*Trauben-Holunder, blühend*

*Trauben-Holunder, fruchtend*

der Trauben-Holunder ein kleiner Strauch oder Baum, aber im Gegensatz zu diesem ist das Mark der Äste nicht weiß, sondern ockerfarben.

Blüten: Die Blütendolden sind nicht flach und schirmförmig, sondern aufgewölbt und rundlich-eiförmig.

Früchte: Die roten Früchte bilden traubenähnliche Scheindolden. Sie werden nicht verwendet und verursachen Brechreiz. Weder sie noch die Blüten kann man heute mit gutem Gewissen zur Verwendung empfehlen.

### *Ernte und Verarbeitung:*

**Blüten**

Die voll erblühten Dolden abschneiden, von etwaigen Insekten befreit sofort in eine Plastiktüte stecken. So halten sie sicher frisch. Sie lassen sich vielfältig verarbeiten. Am bekanntesten ist wohl die Art, sie in Backteig zu tauchen und anschließend zu frittieren. Die groben Blütenstiele werden zuvor entfernt, am besten mit einer Schere. Aus Holunderblüten lassen sich Bowle, Saft und Sekt herstellen.

Man kann sie überdies sehr gut trocknen. Dazu legt man sie locker auf ein mit Papier ausgelegtes Tablett und stellt sie an einen luftigen, warmen, aber schattigen Ort. Nach etwa zwei Wochen sind sie trocken. Man füllt sie in gut verschließbare Gläser und bewahrt sie für den Winter trocken, kühl und dunkel auf.

**Früchte**

Wichtig ist, dass vom Holunder nur die vollreifen Früchte geerntet werden, keinesfalls die grünen. Sie dürfen nur gekocht gegessen werden. Roh führen sie auf jeden Fall zu Durchfall, manchmal, je nach persönlicher Empfindlichkeit, auch zu Brechreiz. Man verarbeitet sie zu Hollerkoch, Marmelade, Likör oder Saft. Zum Einfrieren eignen sich am besten die gekochten Früchte. Man kann Holunderfrüchte auch trocknen.

### *Kulinarisches:*

**Blüten**

Mir persönlich sind fetttriefende Holunder-Küchel zu üppig, außerdem finde ich, dass das blumige Holunder-Aroma nicht wirklich mit Backfett harmoniert. Leichter, eleganter und überaus köstlich ist ein Holunder-Kuchen aus Germ(Hefe)- oder Rührteig.

**Früchte**

Holunderfrüchte vertragen sich gut mit Äpfeln und Zwetschken sowie mit Zimt und Sternanis. Feiner wird Hollerkoch oder eine Marmelade, wenn man die Holunderfrüchte durch ein Sieb presst, weil die kleinen, harten Kerne beim Essen etwas stören.

***Gesundheit:***

**Blüten**

Holunderblüten enthalten Aromastoffe, die für den eigenartigen Geruch verantwortlich sind, sowie Flavonoide, Gerbstoffe und geringe Mengen an Blausäureglykosiden. Letztere sind giftig und finden sich in größeren Mengen etwa in der Bittermandel, kommen aber hier in so geringen Mengen vor, dass dies unerheblich ist. Die Flavonoide sind wahrscheinlich für die Wirkung der getrockneten Holunderblüten verantwortlich. Als Tee genossen sind sie harn- und schweißtreibend und werden bei Erkältungskrankheiten verwendet, auch wenn diese Wirkung nicht ganz unumstritten ist.

**Früchte**

Holunderfrüchte enthalten neben Vitaminen (C, B und Karotinoide), Mineral- und Aromastoffen größere Mengen an Farbstoffen (Anthocyane und Flavonoide). Diese schützen die Körperzellen vor der zerstörenden Kraft von Sauerstoffradikalen und verlangsamen die Zellalterung (Antiaging-Effekt). Extrakte aus Holunderfrüchten werden überdies als Anti-Grippemittel angeboten, stärken das Immunsystem und hemmen die Vermehrung der Influenza-Viren im Körper.

Harzartige Substanzen, deren Natur bis heute ungeklärt ist, sollen für die Unverträglichkeit der rohen Früchte verantwortlich sein. Man nimmt an, dass sie durch den Kochprozess zerstört werden.

Tee aus getrockneten Holunderfrüchten ist – wie Holunderblütentee – harn- und schweißtreibend. Er wird bisweilen gegen fiebrige Erkältungen verwendet.

***Nostalgisches, Magisches, Mythisches:*** Die Deutungen um den Namen „Holler“ sind zahlreich. Eine davon besagt, dass „Holler“ ähnlich wie „Holla“ klingt. Holla leite sich von Holda ab, dem Namen für eine nordische Göttin, die auch Berchta genannt wurde. Holda war mild und freundlich. Sie hielt sich gerne unter dem „trautlichen Dache“ der Menschen auf und beschenkte fromme Eheleute mit Kindern.

***Holunder selbst anbauen:*** Der gut sortierte Gartenfachhandel bietet verschiedene Holundersorten („Haschberg“, „Mammut“, „Donau“, „Sampo“ etc.) an, die sich durch höheren Ertrag und gleichmäßigere Reife gegenüber der Wildpflanze auszeichnen. Man setzt die junge Holunderpflanze, am besten beim Kompostplatz, in eher lockeren, gut gedüngten Boden und gießt reichlich.

# Hopfen

Echt-Hopfen
Gewöhnlicher Hopfen
*Humulus lupulus (Cannabaceae)*
**Frühling: Triebspitzen**
**Sommer: Blüten (weibliche Hopfenzapfen)**

*Hopfen, Triebspitzen mit jungen, noch ungeteilten Blättern*

***Verwendete Pflanzenteile:***
*Erntezeit:* März/April, junge Triebspitzen
*Erntezeit:* Ende August Blüten (die weiblichen Hopfenzapfen, Hopfendolden),

***Vorkommen:*** Der Hopfen mag es licht, nährstoffreich und ein wenig feucht. Er wächst in Auwäldern, Gebüschen, Hecken, an Waldrändern, Flussufern und Zäunen bis knapp über 1000 m.

***Aussehen und Geschmack:*** Der Hopfen ist eine der wenigen Lianen, die in unseren Breiten wild vorkommen. Die jungen Triebe, ein köstliches Gemüse, schieben sich im Frühling zunächst scheu aus dem Boden, weil die Pflanze dort mit ihren Rhizomen überdauert hat. Wenn man den jungen Hopfen bemerkt, gleicht er einem Suchenden. Dies kommt daher, dass die Triebe einen Kletterplatz finden müssen, an welchem sie sich in regelmäßigen Linkswindungen emporhanteln. Die reizvolle Pflanze trägt immer elegant geformte 3- bis 5-spaltige Blattpaare. Sie greift sich deutlich rau an, was an den winzigen Kletterhaaren liegt. Die jungen Triebe sind recht dünn und messen nicht mehr als einen halben Zentimeter im Durchmesser. Sie schmecken elegant zartbitter. Die Pflanze leidet nicht darunter, wenn man die jungen Triebe kappt, weil sie aus unteren „Augen" wieder austreibt und weiter wächst.

**Doppelgänger:**
Zaunrüben-Arten (*Bryonia dioica, Bryonia alba; Cucurbitaceae*)

*Zaunrübe, junge Triebspitze*

Häufig rankt neben dem Hopfen die Zaunrübe, die im Gegensatz zum Hopfen aber nicht mit ihren Trieben klettert, sondern mit ihren Blättern. Sie hat auffallende, hellgrüne Blattranken, die frappant an einen Korkenzieher erinnern. Der Stängel ist weich behaart, nicht so rau wie beim Hopfen. Die Zaunrübe ähnelt einer Mini-Kürbispflanze und ist eng mit Zucchino, Speisekürbis und Co. verwandt. Im Gegensatz zu diesen enthält sie aber noch ihre natürlichen Giftstoffe (die Cucurbitacine, spezielle Bitterstoffe) und ist deshalb zum Genuss ungeeignet.

**Blüten**

Im Sommer ist der Hopfen eine mächtige, verholzte Liane (Schlingpflanze) mit dunkelgrünen, 3- bis 5-teiligen Blättern und rauem, zähem Stängel. Zur Blütezeit, etwa Ende August, lüftet er sein „süßes Geheimnis". Erst dann bemerkt man, dass es weibliche und männliche Pflanzen gibt. Die Hopfenweibchen blühen mit hellgrünen, auffallenden „Hopfenzapfen", dem Quell der Bitterstoffe für das Bier (wobei hiefür aber Kultur-Hopfen verwendet wird). Die Hopfenmännchen lieben es – ausnahmsweise – unscheinbarer und zarter. Sie haben gelbgrüne, rispenartige Blütenstände, die man nicht verwendet. Man sammelt nur die etwa 2 cm großen weiblichen Hopfenzapfen, solange sie von gelbgrüner Farbe sind. Ab Oktober etwa werden sie bräunlich und unansehnlich. Sie riechen eigenartig aromatisch, fast ein wenig säuerlich, und schmecken bitter.

### *Ernte und Verarbeitung:*

**Hopfensprosse**

Wichtig ist es, wirklich nur die jungen Triebspitzen zu ernten, da die Triebe später verholzen und zu bitter werden. Die jungen Triebe werden in einer Länge von ca. 10 cm abgeschnitten, zu etwa 20 Stück gebündelt und mit Zwirn zusammengebunden. In Salzwasser gekocht, ergeben sie einen delikaten Spargel-Ersatz. In kleinere Stücke geschnitten, lassen sie sich zu Suppe oder einer ungewöhnlichen Beilage verarbeiten. Die rohen Sprosse halten sich im Gemüsefach des Kühlschranks in einer Plastiktüte problemlos zwei Tage. Blanchiert

*Weibliche Hopfenzapfen*

lassen sie sich ohne wesentlichen Qualitätsverlust einfrieren.

**Blüten**

Schon unsere Vorfahren wussten, dass Hopfenzapfen eine würzige Zutat für mehr oder minder alkoholische Getränke sind. So verwenden auch wir sie ausschließlich für Likör und Tee.

Die Hopfenzapfen werden gewissenhaft gepflückt und entweder sofort in Alkohol eingelegt oder getrocknet, am besten auf einem mit Papier ausgelegten Tablett an einen luftigen, schattigen Ort. Nach etwa zwei Wochen sind sie trocken und werden dann in einem gut verschließbaren Glas aufbewahrt. Aus den getrockneten Hopfenzapfen lässt sich jederzeit Likör ansetzen oder Tee bereiten.

### *Kulinarisches:*

**Hopfensprosse**

Hopfensprosse sind ein feines Gemüse, das dem Kultur-Spargel um nichts nachsteht, im Gegenteil: Kocht man die Triebe bissfest, so bieten sie ein einmaliges Geschmackserlebnis, weder holzig noch bitter, sondern fein aromatisch. Am besten schmecken sie einfach nur mit zerlassener Butter serviert. Wer es üppiger mag, bereitet eine Sauce hollandaise. Klein geschnitten, kurz in Salzwasser gekocht und dann mit zerlassener Butter übergossen, sind Hopfensprosse eine aparte Beilage oder die Krönung einer herkömmlichen Gemüseplatte. Man kann auch ein köstliches Süppchen aus ihnen bereiten, das dann mit Obers und Crème fraîche verfeinert wird.

**Blüten**

Die Blüten schenken nicht nur dem Bier seinen markanten Bitterton, sie eignen sich auch für die Herstellung exquisiter Liköre. Eine besonders aparte Variante basiert auf Sherry und wird mit Cognac verfeinert. Nicht zu süß, öffnet ein derartiger Hopfen-Likör die Sinne für ein opulentes Festessen und hilft der Verdauung danach. Ein Tee aus Hopfenblüten wirkt beruhigend und appetitanregend.

***Gesundheit:***

**Hopfensprosse**

Die in den Hopfensprossen enthaltenen zarten Bitterstoffe wirken appetitanregend und verdauungsfördernd.

**Blüten**

Die Blüten, also die Hopfenzapfen, enthalten Bitterstoffe, Aromastoffe und Gerbstoffe. Speziell die Bitterstoffe regen den Appetit an und führen zu gesteigerter Magensaftbildung, somit also zu einer besseren Verdauung. Überdies wirken Hopfenzapfen beruhigend: Hopfen-Tee, vor dem Schlafengehen getrunken, löst innere Spannungszustände und beruhigt bei nervösen Einschlafstörungen. Man gibt als empfohlene Tagesdosis 1,5 g Hopfenzapfen für die Teebereitung an.

Neuerdings geht die Wissenschaft davon aus, dass Hopfeninhaltsstoffe noch viel mehr können. Krebs hemmende, Blutzucker senkende und östrogene Wirkungen sind nur die wichtigsten einer Reihe von positiven Effekten. Da die Versuche an Tieren und an isolierten menschlichen Zellen durchgeführt wurden, sind aber noch keine nachhaltigen Empfehlungen möglich.

***Nostalgisches:*** Schon die Römer aßen Hopfensprosse, wenngleich sie diese zur „Schmalkost" rechneten. Interessant ist, dass man früher verschiedene junge Triebe von Wild- und Kulturpflanzen verspeiste. Sie alle nannte man „Spargel". Ältere Hopfentriebe verholzen nicht nur, sie enthalten auch bis zu 10 cm lange Fasern. Aus diesen stellte man früher Stricke, Seile und grobes Gewebe her.

Ab dem 16. Jahrhundert verwendete man Hopfenblüten allgemein als Bierwürze. Bis dahin setzte man dem Bier Muskatnuss, Rosmarin, Wermut oder Zitronenschalen zu. Auch Schafgarbe, Enzianwurzel und Kiefernwipfeln waren gebräuchlich. Selbst berauschende Zusätze wie Opium oder Bilsenkraut erfreuten sich großer Beliebtheit.

***Hopfen selbst anbauen:*** Für den Anbau von Hopfen braucht man einen Garten mit nach Süden offener Lage und einen leicht erwärmbaren Boden. Da er gezogen werden muss, sind Stützen aus Holz oder Kunststoff oder eine Pergola nötig. Man kann den weiblichen Wildhopfen im Herbst oder im Frühjahr aus den Ausläufern vermehren. Diese sind etwa 5 cm unter dem Erdboden wachsende, waagrechte Triebe. Man schneidet 12 bis 18 cm lange Sprossstücke mit 4 bis 5 Augen. Diese werden zur Bewurzelung einfach in die Erde gesteckt.

## Kerbel

Echt-Kerbel
Echtes Kerbelkraut
Gartenkerbel
*Anthriscus cerefolium (Apiaceae)*
**Frühling**

*Kerbel, Blatt*

***Verwendete Pflanzenteile:*** junge Blätter, Blätter knapp vor oder während der Blüte
***Erntezeit:*** März bis Ende April/Mai
***Vorkommen:*** Kerbel ist recht anspruchsvoll, daher weniger häufig, doch er ist leicht anzubauen.

Der Kerbel liebt es wie die Weinrebe licht, warm, eher trocken und nährstoffreich. Man findet ihn daher bevorzugt in Weinbaugegenden, hier gedeiht er in Weinbergen, an Böschungen, Hecken, Zäunen. Aber auch in lichten und trockenen Wäldern wächst er, sowie unter Gebüschen und an Ruderalstellen. Dieses wärmeliebende Geschöpf ist wahrscheinlich gar nicht bei uns zu Hause, sondern eher in Südosteuropa und Westasien. In freier Natur ist die Pflanze deshalb nur lokal verbreitet und wächst zum Beispiel in Deutschland im warmen Südwesten, in der Schweiz im nördlichen Vorland und in den tieferen Lagen Ostösterreichs. Wann und durch wen der Kerbel zu uns gelangte, ist ungeklärt.

***Aussehen und Geschmack:*** Der Kerbel ist eine zarte, einjährige, hellgrüne Pflanze. Sie hat weiche, hellgrüne Fiederblätter. Die einzelnen Blättchen (Fiedern) sind von etwa rautenförmigem Umriss, geteilt und haben stumpfe Blattzipfel. Die Stiele und Blättchen des Fiederblattes sind flaumig behaart. Beim Zerreiben riechen die Blätter süßlich-würzig und deutlich nach Anis, wonach sie auch angenehm zart schmecken. Der Kerbel blüht etwa im Mai mit weißen Doppeldolden und erreicht dann eine Höhe von 20 bis 70 cm.

**Doppelgänger:**

Die Doppelgänger weisen keinen Anisgeruch und -geschmack auf.

Wiesen-Kerbel, Wilder Kerbel (*Anthriscus sylvestris; Apiaceae*)
Der Wiesenkerbel ist bei weitem häufiger als der Echte Kerbel. Er liebt es schattiger, üppiger und feuchter als dieser. So wächst er in nährstoffreichen Wiesen, in Gebüschen und Hecken. Der Wiesenkerbel ist im Gegensatz zum zarten Kerbel viel mächtiger. Schon das junge Fiederblatt ist derber, größer und dunkelgrün gefärbt. Beim Zerreiben riecht es ein wenig wie unreife Äpfel. Es ist vor allem an den Blattstielen abstehend behaart, die Blättchen sind länglich-eiförmig und eher spitz. Der Stängel der Pflanze ist besonders unten grau, weil mit dicht stehenden, kurzen und steifen Haaren besetzt. Der Wiesenkerbel blüht etwa im Mai mit großen, weißen Blütendolden und wird dann bis 1,5 m hoch. Er ist zwar nicht giftig, aber kulinarisch wertlos und wird daher nicht verwendet.

Knollige-Kerkelrübe (*Chaerophyllum bulbosum; Apiaceae*)

Öfter begegnet man der Knolligen Kerkelrübe an den Rändern von Weingärten, Gebüschen und Hecken. Die Blätter sind geruchlos, mächtiger, aber feiner zerteilt als beim Echten Kerbel und deutlich abstehend behaart. Die ganze Pflanze ist an der Basis des Stängels rot gefleckt und abstehend borstig behaart.

Die jungen Blätter der Knolligen Kerkelrübe wurden mancherorts früher sogar für Kräutersuppen verwendet. Verwechslungen sind daher gesundheitlich unbedenklich. Auch die knollige Wurzel der Pflanze war früher ein begehrtes Gemüse.

Taumel-Kälberkropf (*Chaerophyllum temulum; Apiaceae*)

Eher selten ist der Taumel-Kälberkropf, der seinen eigenwilligen Namen von seinen verbreiterten Blattscheiden hat, die vor allem die oberen Blätter der Pflanze charakterisieren, und davon, dass Rinder ins Taumeln kommen und Lähmungen zeigen, wenn sie größere Mengen der Blätter fressen. Vergiftungen beim Menschen sind unbekannt. Der Taumel-Kälberkropf wächst an Ufern, in Gebüschen, in Hainen und lichten Wäldern. Seine geruchlosen Blätter sind graugrün und oft braunschwarz gefleckt und zeigen häufig schmutzigrote, behaarte Blattstiele. Da der Echte Kerbel völlig anders riecht, ist es eher unwahrscheinlich, dass man ihn mit dem Taumel-Kälberkropf verwechselt.

Hunds-Petersilie (*Aethusa cynapium, Apiaceae*)

Eine Sommerpflanze der feuchten Wälder ist die Hunds-Petersilie, die man aber auch an feucht-schattigen Stellen in Gärten, auf Stoppeläckern oder Brachen finden kann. Die Pflanze ähnelt einer Petersilie, hat aber unterseits glänzende Blätter. Sie fällt auf, wenn der Echte Kerbel seine Zeit schon hinter sich hat, nämlich Juni bis September, wenn sie mit weißen Dolden blüht. Die Giftigkeit der Hunds-Petersilie ist umstritten.

Schierling (*Conium maculatum; Apiaceae*)

Unumstritten hochgiftig ist der Schierling. Er

*Schierling, Blattstiel*

bevorzugt ähnliche Standorte wie der Echte Kerbel, nämlich lichte, warme Böschungen, die Blätter erscheinen aber etwas später im Jahr, etwa ab April, und sind ungleich größer als die des Echten Kerbels. Sie sind dunkelgrün und riechen beim Zerreiben unangenehm streng nach Mäuseharn. Im Gegensatz zum Kerbel sind sie kahl, und der Blattstiel ist mächtig, hohl, wachsartig überlaufen und außerdem leuchtend rot gefleckt.

Aus dieser giftigen, aber wunderschönen Pflanze bereitete man im Altertum den „Schierlingsbecher", mit dem man unbequeme Personen ausschaltete. Dazu gehörte unter anderem Sokrates, der seinen Getreuen sogar noch den Verlauf der Vergiftung beschrieb, bevor ihn der Tod ereilte.

*Ernte und Verarbeitung:* Man erntet die zarten, jungen Blätter des Kerbels bis zu dem Zeitpunkt, wo die Pflanze blüht. Kerbel verwendet man ausschließlich frisch. Sein zartes Anis-Aroma verträgt weder Trocknen noch Einfrieren. Wichtig ist, dass man den Kerbel weder lange kocht noch aufwärmt. Beides zerstört das Aroma. Frisch sind die Blätter eine interessante Garnitur für Blatt- oder Karottensalat.

*Kulinarisches:* Der Kerbel ist ein exquisites Wildgewürz, der Speisen ein unnachahmliches, feines Anis-Aroma verleiht. Es ist ungleich zarter und feingliedriger als das von Echtem Anis.

Kerbel lässt sich zu köstlichen Suppen und Saucen verarbeiten. Kerbel-Saucen passen hervorragend zu Huhn oder Fisch. Sie sind nicht nur ausnehmend delikat, sondern ergeben auch einen aparten Farbkontrast zu diesem hellen Fleisch. Speziell in Frankreich und in Belgien ist der Kerbel ein beliebtes Küchengewürz von hohem kulinarischen Wert.

*Gesundheit:* Der Kerbel enthält typische Aromastoffe (ätherisches Öl mit dem Hauptbestandteil Estragol). Diese wirken verdauungsfördernd und appetitanregend.

*Kerbel selbst anbauen:* Der Kerbel braucht ein warmes Plätzchen im Garten oder auf Balkon und Terrasse. Er gedeiht am besten auf trockenem Boden. Die Pflanzen lassen sich leicht aus dem Saatgut ziehen, das man im Gartenfachhandel erwerben kann. Ältere Literatur gibt darüber Auskunft, dass man am besten im Sommer und im Halbschatten sät, und zwar in Abständen von je 14 Tagen, um längere Zeit frisches Kraut zur Verfügung zu haben. Nach der Blüte erntet man die Früchte und hebt sie bis zum nächsten Jahr auf. Die Pflanzen selbst sterben dann zwar ab, aber man hat sie ja hundertfach in Form ihrer Früchte in Händen und kann sie im nächsten Jahr zu neuem Leben erwecken.

# Kohldistel

Kohl-Kratzdistel

*Cirsium oleraceum (Asteraceae)*

**Sommer**

*Kohldistel, Blätter*

*Kohldistel, Blütenkorb*

*Verwendete Pflanzenteile:* Blätter
*Erntezeit:* Juli bis September
*Vorkommen*: Die Kohldistel mag es feucht und kommt daher nur an Bachufern, in feuchten Wiesen, in schattigen Schluchten, Gräben, Sümpfen und auf Waldschlägen vor. Dort überdauert sie unterirdisch mit einem waagrecht wachsenden Rhizom und ist häufig auch in größeren Gruppen anzutreffen. Sie ist bis in eine Lage von ca. 1800 m zu finden.
*Aussehen und Geschmack:* Die Kohldistel hat eine Blattrosette und ist eine der wenigen gelb blühenden Disteln. Sie ist speziell zur Blütezeit, etwa ab Juli, leicht zu finden. Die Blattrosette sind dann von langen, schlanken, unverzweigten, kaum beblätterten und deutlich längs gerillten Stängeln gekrönt, die am Ende aufrechte, blassgelbe Blütenkörbe tragen. Auffällig sind dabei auch die weiß-grünen, eleganten Hüllblätter, welche die Blütenkörbe wie ein Mantel umgeben.
Die Blattrosette ist groß und sattgrün, und bei näherem Hinsehen erkennt man die charakteristisch gestalteten Blätter. Sie haben einen deutlichen Blattstiel, sind bis zu 30 cm lang, eiförmig, weich, ringsum mit weichen Stacheln besetzt und besitzen einen scharf gesägten Blattrand. Sie sind meist geteilt oder gelappt, manchmal aber auch ungeteilt. Sie schmecken auch im rohen Zustand nicht bitter, sondern angenehm herb und ein wenig nach Walnüssen.

**Doppelgänger:**

Kleb-Kratzdistel *(Cirsium erisithales; Asteraceae)*
Deren Blütenköpfchen stehen nicht aufrecht, wie bei der Kohldistel, sondern nicken. Überdies würden uns die wehrhaft bestachelten Blätter der Kleb-Kratzdistel wenig Freude beim Ernten bereiten.

Beinwell *(Symphytum officinale; Boraginaceae)*
Dessen Blätter ähneln einem ungeteilten Blatt der Kohldistel, allerdings ist der Blattrand glatt und nicht mit weichen Stacheln besetzt.

Zwar besitzt auch der Beinwell eine Blattrosette, blühend sind die Pflanzen aber nicht zu verwechseln, da der Beinwell hellviolette Blüten besitzt, die wie kleine Glöckchen aussehen. Beinwellblätter sollte man nicht essen.

*Ernte und Verarbeitung:* Die Kohldistel ist die kulinarische Königin unter den Disteln, da ihre Blätter groß und weich bestachelt sind. Prinzipiell sind alle Disteln essbar, leider aber mit wenigen Ausnahmen derart wehrhaft bestachelt, dass es der Leidensfähigkeit eines Fakirs bedürfte, wollte man sie wirklich ernten. Die Ernte erfolgt am besten zur Blütezeit. Zerkleinert und blanchiert lassen sich die Blätter problemlos einfrieren und später weiterverwenden. Wer viel Zeit hat, kann auch die jungen, hellgelben Blütenkörbe nutzen. Die winzigen Einzelblüten muss man auszupfen, weil sie einen sparrigen Haarkranz besitzen, der im Hals kratzt. Die Blütenböden lassen sich dann wie Artischocken zubereiten und geben eine ungewöhnliche Garnitur für Salate oder kalte Gemüseplatten ab. Wenn sie bereits verblüht und bräunlich sind, sollte man sie aber nicht mehr ernten.

*Kulinarisches:* Der Wohlgeschmack der Kohldistel wird von kaum einem Wildgemüse erreicht. Ob als Minestrone mit Tomaten auf italienische Art, als einfacher Wildspinat oder als elegantes Soufflé, dieses kulinarische Juwel ist immer eine besondere Freude. Der Geschmack ist auch mit keinem Kultur-Gemüse vergleichbar, insofern ist die Kohldistel wahrhaft eine erlesene Delikatesse der Natur.

*Kohldistel selbst anbauen:* Da die Früchte der Kohldistel nur schlecht keimen, ist es am einfachsten, die ganze Pflanze auszugraben und an einem schattigen, lockeren, feuchten Fleck im Garten wieder einzusetzen. Wichtig ist es, dass der Boden tiefgründig, nährstoff- und basenreich ist und nicht austrocknet.

Kleb-Kratzdistel

Kohldistel

Beinwell

## Kornelkirsche

Dirndlstrauch, Dirndlbaum
Gelb-Hartriegel, Dirlitze
*Cornus mas* (*Cornaceae*)
**Herbst**

*Kornelkirsche, Früchte*

***Verwendete Pflanzenteile:*** Früchte (Kornelkirschen, Dirndln)
***Erntezeit:*** Ende August bis September
***Vorkommen:*** Die Kornelkirsche ist ein die Wärme liebender Strauch oder Baum, der an sonnigen, trockenen Hängen oder in lichten Laubwäldern wächst. Sie kommt bis in eine Höhe von rund 1400 m vor. Früher vielfach als Heckenpflanze und Unterholz kultiviert, ist die Kornelkirsche heute in Hecken und Weinbergen manchmal auch verwildert. Nicht zuletzt wurde und wird dieser schöne Baum recht oft in Gärten und Parks angepflanzt.
***Aussehen und Geschmack:*** Von allen Wildfrüchten sind die Kornelkirschen (botanisch Steinfrüchte) für mich die Einzigen, die auch roh eine echte Delikatesse sind. Sie sind erfrischend und saftig, gleichen kleinen, hellroten Oliven, sind zwischen 1,5 und 2 cm groß und haben an der Unterseite ein winziges, gelbgrünes Zipfelchen. Beim Hineinbeißen empfiehlt sich Vorsicht, denn der Kern im Inneren ist relativ groß und sehr hart. Das Fruchtfleisch ist zwar ein wenig dünn geraten und nicht kerngängig, aber köstlich. Die Früchte haben lange Stiele, von denen sie sich leicht lösen, und sitzen einzeln oder in kleineren Büscheln am Baum.
Man erkennt die Kornelkirsche bereits im zeitigen Frühjahr, da sie als eine der Ersten mit kleinen, gelben Blütendolden blüht, und zwar noch bevor die Blätter austreiben. Auch an den Zweigen und Blättern ist sie leicht zu erkennen. Die Zweige haben keine Dornen und tragen nicht einzelne Blätter, sondern Blattpaare. Die Blätter sind mittelgrün, haben einen glatten Blattrand und fallen durch ihre regelmäßigen, fast parallelen Blattadern auf. Wenn man das Blatt umdreht, so sieht man, dass in den Achseln der Blattadern weiße Haarbüschel sitzen, ebenfalls ein gutes Erkennungsmerkmal.
***Ernte und Verarbeitung:*** Wenn der Sommer heiß ist, dann erntet man die Kornelkirschen unter Umständen schon Mitte August, da sie später bereits abgefallen sein werden. Es ist auch besser, die Früchte zu pflücken, als sie vom Boden aufzulesen, da sie dort von Mikroorganismen befallen werden und leicht schimmeln.
Da die Kornelkirschen im reifen Zustand weich sind und überdies nicht über beißende Gerbsäure verfügen, müssen sie weder den ersten Frost noch das Gefrierfach des Kühlschranks über sich ergehen lassen. Sie werden im Ganzen verarbeitet.
Um das typische Aroma zu erhalten, empfiehlt es sich, das Fruchtmus nicht mit anderem Wildobst zu strecken. Äpfel und Birnen hingegen harmonieren perfekt.

Wenn man die Früchte auf einem Tuch an einem luftigen Ort auflegt, kann man sie trocknen. Sie ergeben dann so etwas wie ein süßsaures Bonbon der anderen Art. Man kann sie genussvoll lutschen, ohne Karies allzu sehr befürchten zu müssen.

***Kulinarisches:*** Marmeladen und Gelees aus Kornelkirschen sind farblich und geschmacklich besonders harmonisch: tiefrot, von unvergleichlichem Aroma und feinem, süßsäuerlichem Geschmack mit spezieller Note. Dieses Aroma wird besonders deutlich im Dirndl-Schnaps, einer delikaten, wenn auch hochprozentigen Variante, die man manchmal bei Bauern erhält.

Schon die Griechen und Römer legten die unreifen Kornelkirschen in Salzlake ein, so wie es heute für Speiseoliven üblich ist. Die Früchte büßen dabei aber ihren vollen Geschmack ein. Besser kommt der zur Geltung, wenn man ein süßsaures Chutney aus ihnen macht.

***Gesundheit:*** Kornelkirschen enthalten neben Zucker und Fruchtsäuren viel Vitamin C. Am besten nutzt man dies, wenn man die reifen Früchte roh isst. Marmeladen und Gelees enthalten zwar weniger Vitamin C als rohe Früchte, aber immer noch genügend Fruchtsäure, welche die Darmtätigkeit sanft anregt.

***Kornelkirschen selbst anbauen:*** Ältere Literatur bezeichnet die Kornelkirsche als attraktive Heckenpflanze, die trägwüchsig ist, bis zu 100 Jahre alt wird und leicht zu stutzen ist. In klimatisch milden Gebieten ist sie daher als alternative Hecke zu empfehlen. Sie benötigt kalkhaltigen, eher trockenen Boden. Der gut sortierte Fachhandel bietet einige großfruchtige Sorten mit gutem Ertrag. Beispiele dafür sind „Jolico“, „Schönbrunner Gourmet-Dirndl“, „Kasanlak“ und „Schumener“.

# Löwenzahn

Wiesen-Löwenzahn
Echt-Löwenzahn
Kuhblume
*Taraxacum officinale agg. (Asteraceae)*
**Frühling**

*Löwenzahn, blühende Pflanze*

***Verwendete Pflanzenteile:*** Blätter, Blütenkörbchen, Wurzel

***Erntezeit:*** Blätter ab März bis Herbst, die jungen Blätter sind zarter
Blütenkörbchen im April/Mai
Wurzel – im Frühling gesammelt – zu Heilzwecken

***Vorkommen:*** Der Löwenzahn ist ausdauernd und wächst bevorzugt auf gut gedüngten Wiesen und an Wegrändern, in Äckern sowie in vom Menschen vernachlässigten Unkrautfluren. Hauptsache, der Boden ist nährstoffreich, humos und tiefgründig. Hier wurzelt er bis zu 20 cm tief mit einer mächtigen Pfahlwurzel. Er kommt von der Ebene bis ins Gebirge vor.

***Aussehen und Geschmack:*** Der Löwenzahn ist nicht nur vielseitig nutzbar, sondern auch

leicht zu erkennen. Er hat eine dunkelgrüne Blattrosette und spitze, stark gelappte, längliche Blätter. Blattgröße und Art der Lappung sind allerdings recht variabel. Für den Sammler ist das eigentlich egal, aber die Wissenschaft unterscheidet beim „leicht“ zu erkennenden Löwenzahn hunderte verschiedene (Klein-) Arten. Das Kürzel „agg.“ beim lateinischen Namen macht auf das variable Naturell unseres Lieblings aufmerksam.
Weitere wichtige Merkmale sind die dottergelben Blütenkörbchen, hohle „Blüten“stiele („Röhrlblume“) und der bitter schmeckende, weiße Milchsaft.
Der Löwenzahn blüht etwa ab April und übt dann eine unwiderstehliche Anziehungskraft auf kleine, schwarze Käfer (der Gattung Meligethes) aus, die sich in Unmengen in seinen Blüten aufhalten. Im Frühsommer werden aus den Blütenköpfen hübsche, kugelige Fruchtstände, die viele kleine, mit einem winzigen „Fallschirm“ versehene Flugfrüchte tragen. Weil man sie leicht wegblasen kann, haben sie der Pflanze auch den Namen „Pusteblume“ eingebracht.

**Doppelgänger:**
Sehr ähnlich sind verschiedene Leuenzahn-Arten, auch „Milchkraut“ genannt (Gattung Leontodon). Als auffälligen Unterschied zum Löwenzahn haben sie einen vollen, steifen „Blüten“stiel. Über die Verwendung ist nichts bekannt.

***Ernte und Verarbeitung:*** Die jungen Blätter des Löwenzahns sind zart und daher besser für Salat geeignet als die älteren, derberen. Diese ergeben aber ein anregendes, apartes Süppchen mit herb-bitterer Note. Gemischt mit Brennnessel und Taubnessel ist der Löwenzahn auch für Spinat, Auflauf und Kräutersuppe geeignet, allerdings muss man hier sparsam mit ihm umgehen, weil die Gerichte sonst zu bitter schmecken. Prinzipiell pflückt man die Blätter sorgsam und befreit sie gleich im Gelände vom gröbsten Schmutz. Sie halten sich im Gemüsefach des Kühlschranks 2-3 Tage frisch. Jene, denen der Löwenzahn zu bitter ist, können eine einfache Methode anwenden, bei der allerdings auch verschiedene Vitamine (z. B. Vitamin C, B) und Mineralstoffe (z. B. Kalium) auf der Strecke bleiben. Man schneidet den Löwenzahn in 0,5 cm breite Streifen und weicht ihn in lauwarmem Wasser ein. Blanchiert lässt sich Löwenzahn problemlos einfrieren.
Die dottergelben Blütenkörbchen pflückt man vorsichtshalber nur, wenn man nicht unmittelbar danach ein Rendezvous hat. Die Hände sind nämlich dann – von den Pollenkörnern – nicht nur klebrig und gelb, sondern vom vielen Milchsaft grünbraun.
Es bedarf einiger Waschgänge, um dies zu entfernen. Die winzigen schwarzen Gäste in den Blütenköpfen beseitigt man am besten schon im Gelände, zumindest die Mehrzahl von ihnen. Entschlossenes Schütteln ist meist ein probates Mittel. Trotzdem werden noch viele „ihre“ Blüten nicht im Stich lassen und müssen dann zu Hause entfernt werden. Ich habe mit Waschen ganz gute Erfahrungen gemacht, auch wenn die Blütenkörbchen gleich nachher nicht wirklich appetitlich aussehen. Ein kurzes Übertrocknen lassen löst dieses Problem.
Man kann die Blütenkörbchen entweder mit Zucker ansetzen und so einen „Löwenzahn-Honig“ herstellen, oder man legt sie in Bienenhonig ein und konserviert sie bis zum nächsten Frühling.

*Kulinarisches:* Delikatessen aus den Löwenzahnblättern sind köstlich anders, aber herb und mehr oder weniger bitter. Obers und Crème fraîche mildern dies zwar, aber ein zarter Bitterton bleibt immer. Wer dies gar nicht mag, der sollte lieber nur die Löwenzahnblüten verwenden. Sie sind das sanfte Pendant zu den herben Blättern. Bienenhonig mit Löwenzahnblüten schmeckt gut im winterlichen Tee, und der selbst hergestellte Löwenzahn-Honig erfreut an kalten Tagen als Brotaufstrich.

Die Löwenzahnwurzel ist mir persönlich als Gemüse zu bitter. Sie ist mehr ein Bittermittel als wirklich delikat und eher ein Arzneimittel, beispielsweise gegen Appetitlosigkeit.

*Gesundheit:* Die Blätter des Löwenzahns enthalten neben nennenswerten Mengen an Vitamin C vor allem Bitterstoffe und größere Mengen Kalium. Die Bitterstoffe wirken appetitanregend und fördern die Verdauung ebenso wie den Gallenfluss. Der vergleichsweise hohe Kaliumgehalt regt die Harnausscheidung an und hat dem Löwenzahn wenig schmeichelhafte Volksnamen wie beispielsweise „Bettpisser" eingebracht, was sich im Französischen als „pissenlit" etwas vornehmer anhört.

Die Löwenzahnwurzel enthält außerdem Inulin, einen Zucker-Austauschstoff, der in der Diabetesdiät wichtig ist. Der Löwenzahn wird medizinisch in der Phytotherapie verwendet und hilft bei Störungen des Gallenflusses, bei Verdauungsbeschwerden und Appetitlosigkeit.

In eher seltenen Fällen kann roh genossener Löwenzahn durch den Milchsaft auch zu Allergien führen.

*Löwenzahn selbst anbauen:* Im gut sortierten Fachhandel sind einige Sorten erhältlich, die sich vom wilden Löwenzahn durch breitere, weniger bittere Blätter unterscheiden, überdies rasch wachsen und reich an Vitamin C sind. Einen wild wachsenden Löwenzahn auszugraben, ist auch eine Möglichkeit, aber manchmal Schwerarbeit. Zu guter Letzt kann man auch die mit Schirmchen versehenen Flugfrüchte des Löwenzahns im Frühsommer sammeln und im Frühjahr ankeimen. Bei gutem Licht benötigen sie dazu zwischen 5 und 14 Tagen.

# Mädesüß

Echtes Mädesüß, Groß-Mädesüß
Rüsterstaude
Wiesenkönigin, Wiesengeißbart
*Filipendula ulmaria (Rosaceae)*
**Sommer**

*Mädesüß, blühende Pflanze*

*Stockwerkbau der Blütenrispe*

***Verwendete Pflanzenteile:*** Blüten, junge Blätter auch als Gewürz

***Erntezeit:*** Blüten Juni bis August, Blätter ab April/Mai

***Vorkommen:*** Das Echte Mädesüß wächst dort, wo auch die Kohldistel vorkommt, also an Bächen, auf feuchten Wiesen, in Gräben, im Ufergebüsch und in Auwäldern. Dort ist es meist in größeren Gruppen anzutreffen. Die Pflanze ist weit verbreitet und gedeiht bis etwas über 1000 m. Sie ist mehrjährig und überdauert den Winter dank eines kräftigen Rhizoms.

***Aussehen und Geschmack:*** Das Echte Mädesüß ist blühend zwischen 0,5 und 2 m hoch, nicht zu übersehen und wahrhaft eine Königin der Wiese. Das mag an ihrem Stockwerkbau liegen. Die elegante, schlanke Pflanze trägt stolz ihre weißen, doldenartigen Blütenrispen. Sie wirken irgendwie extravagant und nicht so harmonisch wie die Holunderdolden. Die kleinen Blüten duften herb-aromatisch ein wenig nach Mimosen und haben zahlreiche, auffallend lange Staubgefäße. Sie schmecken süßlich und herb zugleich.

Die Pflanze hat häufig dunkelrot überlaufene Stängel, die einen hübschen Kontrast zu den aparten, freudig grünen Fiederblättern bilden. Deren Mittelrippe ist oft ebenfalls rot gefärbt. Die einzelnen Blättchen sind ungleich groß, haben einen doppelt gesägten Blattrand und eine grüne oder weißliche Unterseite. Sie duften beim Zerreiben herb-aromatisch und schmecken würzig, leicht nach Gurke. Sie wirken ein wenig adstringierend auf den Gaumen, ähnlich wie ein gerbstoffreicher Rotwein.

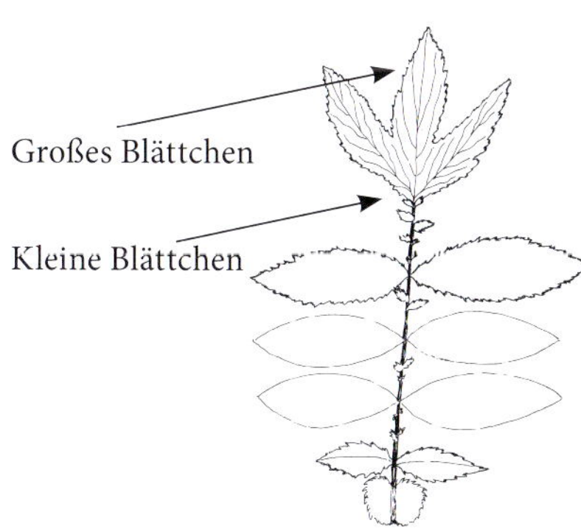

**Doppelgänger:**
Knollen-Mädesüß, Klein-Mädesüß (*Filipendula vulgaris, Rosaceae)*
Die Pflanze sieht dem Echten Mädesüß sehr ähnlich, wächst aber an trockenen Standorten wie mageren Wiesen und Trockenrasen. Sie wäre genauso wie das Echte Mädesüß zu verwenden, sollte aber, da sie viel seltener ist, geschont werden.

*Ernte und Verarbeitung:* Das Echte Mädesüß ist eine Likörpflanze. Die Blütenrispen werden frisch geerntet, von Insekten gesäubert und in Korn oder Cognac angesetzt. Nach dem Abseihen wird dem Ansatz Zuckerlösung zugesetzt. Es ist sehr hübsch, wenn man einige Blüten im Likör belässt und Blattgold-Flitter zusetzt, die dann bei jedem Schütteln gemeinsam tanzen.
Die Blütenrispen lassen sich auch hervorragend für den Winter trocknen. Dazu breitet man sie auf einem mit Papier ausgelegten Tablett aus und stellt sie an einen luftigen, warmen Ort, aber nicht in die Sonne. Nach etwa einer Woche sind sie trocken und sollten dann in einem gut verschließbaren Glas aufbewahrt werden.
Die jungen Blätter, die man schon ab April ernten kann, sind zusammen mit anderen Frühlingskräutern köstlich in einem Süppchen. Von ihnen verwendet man nur die Blättchen, nicht jedoch die zähe, meist rote Mittelrippe.
*Kulinarisches:* Den herben Geschmack des Mädesüß-Likörs bevorzugt vor allem das stärkere Geschlecht, wie ich festgestellt habe. Je länger man den Likör lagert, desto feiner und runder im Geschmack wird er. Es zahlt sich also aus, gleich mehr davon herzustellen und mindestens eine Flasche für einige Jahre im Keller verschwinden zu lassen.
*Gesundheit:* Echtes Mädesüß enthält Aromastoffe und Gerbstoffe, die für das pelzige Gefühl am Gaumen verantwortlich zeichnen. Überdies enthält es Substanzen, die ähnlich wirken wie Aspirin. Der Tee ist harn- und schweißtreibend, hilft bei Grippe und angeblich auch bei rheumatischen Beschwerden.
*Nostalgisches:* Der seltsame Name erinnert nicht an ein „süßes Mädchen", sondern daran, dass man es früher dem Met und anderen Getränken zusetzte.
*Mädesüß selbst anbauen:* Der Anbau setzt ein feuchtes, stets gut mit Wasser versorgtes Plätzchen im Garten voraus. Man kann die Pflanze entweder an ihrem Naturstandort ausgraben oder über Spezialgärtnereien erwerben.

# Pfeilkresse

Herzkresse

*Lepidium draba (Cardaria draba; Brassicaceae)*

**Frühling**

*Pfeilkresse, blühende Pflanzen*

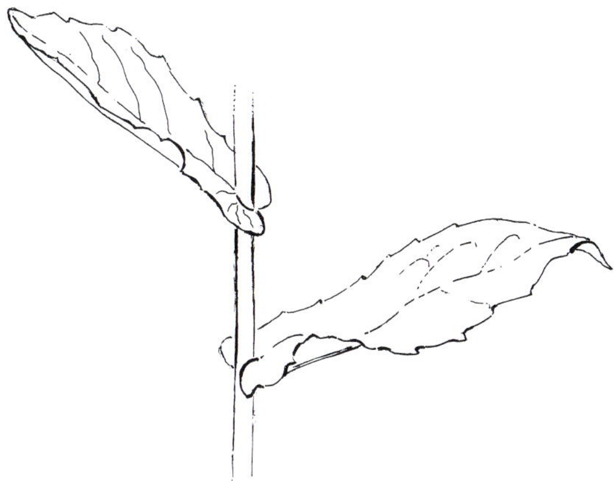

*Pfeilkresse, den Stängel umfassende Blätter*

***Verwendete Pflanzenteile:*** Blätter vor und während der Blütezeit, Blüten zu Dekorzwecken für Suppen und Salate, reife Samen (Pfeffer-Ersatz)

***Erntezeit:*** März bis Mai

***Vorkommen:*** Die Pfeilkresse gedeiht bevorzugt in wärmeren Gebieten, etwa in Ostösterreich, Süd- und Ostdeutschland und in der Ostschweiz.

Man findet diese hübsche Pflanze oft in größeren Beständen an Bahndämmen, Weingartenböschungen, an Wegen, auf Schuttplätzen und in Hafenanlagen.

***Aussehen und Geschmack:*** Die Pfeilkresse, ein exquisites Gewürzkraut, ist graugrün, kahl und wird blühend etwa 40 cm hoch. Sie wirkt ein wenig steif, ist aber weich, wenn man sie angreift. Die schönen Blätter sind etwa 4 cm lang, elegant und pfeilförmig (daher der Name). Sie haben keinen Blattstiel und umfassen den Stängel der Pflanze. Beim Zerreiben riechen sie kohlartig und schmecken zartherb, brennend und leicht scharf auf der Zungenspitze.

Auffällig ist die Pfeilkresse, wenn sie etwa ab Mai blüht. Dann wirkt sie durch ihre duftigen, weißen, doldenartigen Blütenstände anmutig wie eine Tänzerin in weißem Röckchen. Die Einzelblüten selbst sind winzig und messen nicht mehr als 0,5 cm. Sie sind eine hübsche Dekoration für Salate und Suppen. Auch die Samen, die im Laufe des Sommers in rundlichen Schötchen heranreifen, sind essbar und haben den Charakter von scharfen Senfsamen.

***Ernte und Verarbeitung:*** Die Blätter werden vor oder während der Blütezeit geerntet und so wie die Blüten roh verwendet. Der kresseartige Charakter der Blätter passt gut zu Gemüsespeisen, Suppen, Salaten und pikanten Mehlspeisen. Das unverkennbare Aroma ist frisch am besten, Blanchieren und Einfrieren schwächen es ab.

Die Blüten halten nicht lange und müssen sofort verwendet werden. Die Samen sind wie scharfe Senfsamen zu verwenden, sie entfalten ihre Würzkraft nur zerkleinert und gekocht.

*Kulinarisches:* Die Pfeilkresse ist ein nobles Blattgewürz für Gemüse-Pizza oder italienische Gemüsemischungen. Suppen verleiht sie eine pfeffrige Note, ja selbst pikante Teigtaschen und ein Wildkräuterbrot kann man mit dem Tausendsassa würzen.

Die frischen, winzigen Blüten machen sich hübsch auf Feldsalat, Karottensalat und Wildkräuter-Suppe.

*Gesundheit:* Die Scharfstoffe (Senföl-Glykoside) der Pfeilkresse wirken verdauungsfördernd und appetitanregend.

*Pfeilkresse selbst anbauen:* Am besten sät man die reifen Samen an einem offenen, sonnenwarmen Plätzchen im Garten aus. Der Boden soll eher trocken, humusarm, aber nährstoffreich sein. Die Pfeilkresse überdauert mit unterirdischen Wurzelsprossen, das heißt, wenn man sie einmal erfolgreich etabliert hat, sprießt sie im folgenden Jahr getreulich wieder.

## Quendel

Arnzei-Quendel
Feld-Thymian
Echter Quendel
*Thymus pulegioides (Lamiaceae)*
**Sommer**

*Quendel, blühende Pflanzen*

*Verwendete Pflanzenteile:* Blätter der blühenden Pflanze, Blütentriebe

*Erntezeit:* Mai bis Herbst

*Vorkommen:* Der Quendel liebt das Licht und wächst auf trockenen, kalkarmen Böden. Er besiedelt Böschungen und Felsen, kommt aber auch in nährstoffarmen (mageren) Wiesen und auf Weiden vor. Der mehrjährige Halbstrauch ist stellenweise recht häufig und verträgt auch alpine Gegebenheiten. Man findet ihn daher nicht nur in der Ebene, sondern auch im Gebirge bis über 2000 m.

*Aussehen und Geschmack:* Der Quendel ist klein und ein rechter Verwandlungskünstler. Sein Äußeres und auch das Aroma sind nämlich variabel. Trotzdem erkennt man ihn relativ leicht, wenn er blüht. Der etwa 10 cm hohe Quendel hat kleine, purpurrote Lippenblüten,

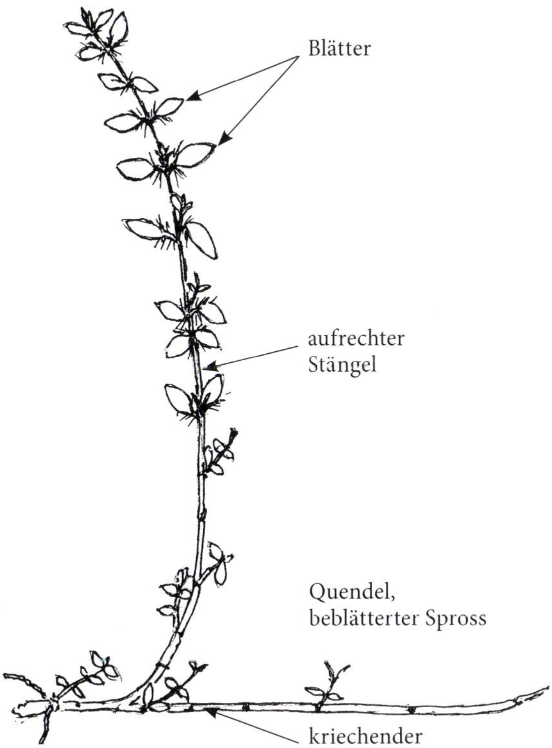


die zu zylindrischen Blütenständen zusammengefasst sind und am Ende der Pflanzen sitzen. Die Blätter messen nur rund 5-15 mm und haben einen kurzen Blattstiel. Sie sitzen zu zweit am Blattknoten und sind unterschiedlich stark behaart. Beim Zerreiben riechen und schmecken sie höchst verschieden: meist nach Thymian (Aromastoffe Thymol und Carvacrol), häufig aber auch nach Zitrone (Aromastoffe Geraniol und Citral) oder ein wenig nach Lavendel. Die Stängel der Pflanze kriechen, der am Boden aufliegende Teil ist verholzt, die aufrecht stehenden Zweigenden tragen die Blüten.

*Ernte und Verarbeitung:* Man erntet die blühenden Triebe und verwendet deren Blätter und Blüten frisch oder getrocknet.

*Kulinarisches:* Deutlich aromaschwächer, aber sonst sehr ähnlich dem Gewürz-Thymian, eignet sich Quendel hervorragend für Rindfleisch, Wild und Faschiertes (Hackfleisch). Er harmoniert besonders mit Rotwein, Knoblauch, Tomaten und Zucchini. Bratkartoffeln verleiht er ebenso eine würzige Note wie kräftigen Kräutersuppen und Likören. Zitronen-Quendel passt ideal zu Salat-Marinaden, Huhn und Fisch.

*Gesundheit:* Quendel mit Thymianaroma hilft bei Verdauungsstörungen und Verkühlungen. Speziell den Husten lindert ein Tee, den man langsam und schluckweise trinkt.

*Nostalgisches, Magisches, Mystisches:* Volksnamen wie „Liebfrauenbettstroh“ oder „Marienbettstroh“ beziehen sich auf Legenden, nach denen die Gottesmutter das Jesuskind auf Quendel gebettet haben soll. Sehr alt ist die gynäkologische Verwendung, beispielsweise zur Empfängnisverhütung und als Einlage im Kindbett.

*Quendel selbst anbauen:* Der Quendel braucht kalkarmen, trockenen Boden und kann entweder am Naturstandort ausgegraben oder aus dem Gartenfachhandel bezogen werden.

# Robinie

„Akazie"
Falsche Akazie, Gewöhnliche Robinie
Scheinakazie, Silberregen
*Robinia pseud(o)acacia (Fabaceae)*
**Frühling**

*Robinie, Blüten*

*Verwendete Pflanzenteile:* Blüten
*Erntezeit:* Ende April, Mai
*Vorkommen:* Die Robinie gelangte im 17. Jahrhundert aus Nordamerika zu uns und ist seither aus diesen anfänglichen Kulturen verwildert, oft auch bewusst angepflanzt. Sie liebt es sommerwarm, bevorzugt nährstoffreichen Boden, der locker und nicht zu trocken sein soll. Sie ist ein häufiger Straßen- und Parkbaum, der als Bienenweide und Nutzholz auch forstlich kultiviert wird. Die Robinie gedeiht hauptsächlich in Lagen bis zu etwa 1000 m.
*Aussehen und Geschmack:* Meist fällt einem die helle, freundliche Robinie erst im Mai auf, wenn sie mit ihren prächtigen, weißen Blütentrauben geschmückt ist, dem Einzigen, was kulinarisch an ihr interessant ist. Und oft merkt man erst dann, dass die Robinie ein ziemlich hoher Baum ist, der sich meist nicht erklettern lässt. Spätestens jetzt beginnt eine fieberhafte Suche nach jüngeren Exemplaren, die so nett sind, schon zu blühen und eine praktische Höhe von 2 m zu haben. Die hübschen Blüten (Schmetterlingsblüten) sind weiß und haben einen rötlichgrünen Kelch. Sie duften süßlich, leicht parfümiert und weniger herb als Holunderblüten. Ihr Geschmack ist angenehm süßlich.
Die Robinie trägt hellgrüne, filigrane, unpaarige Fiederblätter. Diese haben rundliche, einzelne Blättchen (Fiedern). An der Basis des Blattes sitzen zwei spitze, glänzende Dornen.
*Ernte und Verarbeitung:* Die Blüten werden sorgfältig gepflückt und müssen sofort verarbeitet werden, da sie leicht welken. Sie eignen sich für exquisite Süßspeisen.
*Kulinarisches:* Die zarten Blüten in Backteig zu tauchen und zu frittieren ist eine Möglichkeit der Zubereitung, mir jedoch zu üppig. Die Blüten verlieren überdies völlig ihr feines Aroma. Um dieses zu erhalten, ist es besser, sie nur kurz zu garen. Zusammen mit einem leichten Biskuit-Teig ergeben sie ein raffiniertes Dessert.
*Gesundheit:* Die Robinie enthält vor allem in der Rinde und in den Samen der Früchte giftige Substanzen (Lectine). Beides sollte keinesfalls verwendet werden, ebenso wenig natürlich die Blätter.
Die Blüten sind von diesen Substanzen weitestgehend frei. Da die Giftstoffe durch Erhitzen zerstört werden, ist dem, der völlig sicher gehen möchte, zu raten, Robinienblüten nur gegart zu essen.
*Nostalgisches:* Die ersten Robinien wurden 1601 von Jean Robin, damals Hofgärtner in Paris, in Europa eingeführt. In Deutschland pflanzte man die ersten Bäume 1675 im Leip-

ziger Botanischen Garten und 1710 in der Nähe von Berlin. Nach Österreich gelangte die Robinie in der 2. Hälfte des 17. Jahrhunderts, in die Südschweiz erst um 1800.

*Robinie selbst anbauen:* Der anspruchslose Baum, der sogar mit Industrieabgasen gut zurechtkommt, wird am besten als Jungpflanze in einer Baumschule erworben und dann in nährstoffreichem, lockerem Boden, der sand- oder kieshaltig sein sollte, eingepflanzt.

Er vermag mit seinen Wurzeln (durch spezielle Knöllchenbakterien) Stickstoff zu binden und düngt sich so seinen Boden selbst. Wenn man sich für die Lebensgemeinschaft mit einer Robinie entschließt, sollte man aber bedenken, dass dieser Baum an die 20 m hoch werden kann.

## Rossminze

Wildminze

*Mentha longifolia (Lamiaceae)*

**Sommer**

*Rossminze, blühende Pflanze*

*Verwendete Pflanzenteile:* Blätter der blühenden Pflanze, Blüten

*Erntezeit:* Juli bis September

*Vorkommen:* Von den verschiedenen Wildminzen ist die Rossminze sicherlich die auffälligste, vor allem, wenn sie blüht. Wie alle Minzen benötigt sie eher feuchten Boden. Daher wächst sie an Ufern, in Gräben, auf nassen Wiesen, Weiderasen und an Wegrändern. Sie ist ziemlich häufig und zum Glück für den Sammler gesellig, das heißt, sie kommt meist in größeren Gruppen vor. Man findet sie bis in mittlere Gebirgslagen, also bis etwa um 1400 m.

*Aussehen und Geschmack:* Die Rossminze blüht meist ab Juli, und man erkennt sie dann sehr leicht, weil die eleganten, etwa 1 m hohen Pflanzen mit ihren violetten Blütenkegeln einfach nicht zu übersehen sind. Die zartvioletten kleinen Lippenblüten sind zu mehreren dichten, ährenartigen Blütenständen zusammengefasst. Sie sind eine beliebte Bienen- und auch Schmetterlingsweide und daher heftig umschwirrt. Die Blätter sitzen zu zweit am Blattknoten und haben keinen Blattstiel. Sie sind weich, graugrün und flaumig behaart. Die Blattfläche ist länglich (länglich-lanzettlich), schlank und hat einen scharf gesägten Blattrand. Beim Zerreiben verströmen die Blätter einen herb-aromatischen, minzigen Geruch, der allerdings nichts mit dem kühlen Menthol-Aroma von Pfefferminze zu tun hat. Sie schmecken auch herb und nur wenig nach Minze.

*Ernte und Verarbeitung:* Man erntet am besten das blühende Kraut, weil dessen Aroma am kräftigsten ist. In der Vase bleibt es einige Tage frisch, sodass man es nicht sofort verwenden muss. Es eignet sich gut zum Trocknen und erhält dadurch eine feinere Note. Man trocknet es im Schatten, zu Büscheln gebunden und verkehrt aufgehängt. Die süßen Blüten sind zwar mühsam herauszuzupfen, aber dennoch eine hübsche Garnitur für Desserts.

*Kulinarisches:* Die Rossminze ist oft eine Liebe auf den zweiten kulinarischen Blick. Die Blätter können ein merkwürdiges Aroma haben oder angenehm duften, nämlich süßlich und deutlich nach Spearmint. Diese Vielfalt verdankt die Rossminze unterschiedlichen Aromastoffen (sie enthält meist Piperitonoxid, aber auch Linalool und (-)-Carvon). Unsere Wildminze kann daher auch durchaus ein eher unangenehmes Aroma haben. Wer sich dadurch nicht abschrecken lässt und die Blätter trotzdem verwendet, wird mit einem delikaten, milden Gewürz belohnt. Die merkwürdige Kopfnote im Duft verschwindet nämlich sowohl beim Trocknen als auch beim Erhitzen. Frisch oder getrocknet harmoniert dieses feine Gewürz ideal mit Fisch, Huhn, Faschiertem (Hackfleisch), Tomatensuppe oder aber mit Obst, wie Marillen (Aprikosen) und Äpfeln.

*Gesundheit:* Neben vielfältigen Aromastoffen enthält die Rossminze spezielle Gerb- und Bitterstoffe. Sie wirkt anregend und verdauungsfördernd.

*Rossminze selbst anbauen:* Die mehrjährige Rossminze ist eine dankbare und ungemein schöne Pflanze, die jedes Jahr aus ihren unterirdischen Ausläufern neu austreibt. Man setzt einige dieser Ausläufer an eine bodenfeuchte Stelle im Garten.

# Schafgarbe

Echte Schafgarbe
Gewöhnliche Schafgarbe
Mausleiterl
*Achillea millefolium agg. (Asteraceae)*
**Frühling**

*Schafgarbe, blühende Pflanzen*

***Verwendete Pflanzenteile:*** Blätter
***Erntezeit:*** März bis Dezember
Meiner Meinung nach kann man die Blätter der Schafgarbe ernten, sobald man sie findet, und das ist fast das ganze Jahr über.

***Vorkommen:*** Die aparte Schafgarbe wächst auf Wiesen und an Waldschlägen. Sie ist recht anpassungsfähig und kommt auch auf Äckern, Halbtrocken- und Sandrasen vor. Zu feucht mag sie es nicht, eher schon warm, hell und trocken.

***Aussehen und Geschmack:*** Die Schafgarbe erkennt man leicht an ihren zarten, filigranen Blättern, die vor der Blüte der Pflanze eine Rosette bilden. Sie sind schmal, länglich, spitz und fein zerteilt und haben keinen deutlichen Blattstiel. Sie riechen schwach herb-aromatisch und schmecken angenehm, mit leicht bitterem Abgang.
Die Schafgarbe blüht etwa ab Juli mit weißen oder rosafarbenen kleinen Blütenköpfchen, die zu Scheindolden vereint sind. Zur Blütezeit stirbt die Blattrosette ab, und die Sprossachse der blühenden Pflanze ist dann bis oben hin mit deutlich abstehenden Blättern besetzt, bildet aber nun vegetative Nebentriebe. Ähnlich wie der Löwenzahn ist die Schafgarbe ein kapriziöses Geschöpf. Sie versteht es meisterhaft, ihr Aussehen zu variieren. „Die Schafgarbe" gibt es deshalb nicht, sondern nur eine Artengruppe („agg.") von vielen, einander höchst ähnlichen Kleinarten. Sie enthalten völlig unterschiedliche Mengen an heilkräftigen Substanzen. Für den Apotheker ist deren Kenntnis daher wichtig, nicht jedoch für den kulinarisch interessierten Sammler. Als Faustregel sollte gelten: Für das Süppchen ist jede Schafgarbe gut, für den Kräutertee hingegen nicht. Wenn der heilkräftig sein soll, muss er aus der Apotheke stammen.

***Ernte und Verarbeitung:*** Von der Schafgarbe werden für unsere Zwecke ausschließlich die Blätter verwendet. Stammen diese von nicht blühenden Pflanzen, so sind sie milder und weniger herb-aromatisch und eignen sich dann besonders gut für ein Kräutersüppchen, für Kräutersenf und Wildkräuterbrote. Man kann sie einige Tage im Gemüsefach des Kühlschranks aufbewahren. Getrocknet sind Schafgarbenblätter eine interessante Zutat für Kräutersalz. Sonst sollte man sie aber frisch verwenden, da sie ohnedies praktisch das ganze Jahr über zur Verfügung stehen.

***Kulinarisches:*** Zartbitter und schwach aromatisch, ist die Schafgarbe, ähnlich wie das Gänseblümchen, kulinarisch kein dominanter Tonangeber, sondern eine Nuance in der Gesamtkomposition eines Gerichtes. Interessant schmeckt sie in einer Mischung mit Giersch,

Gundermann und Pfeilkresse. Kräutersalz mit Schafgarbe ist eine gute Suppenwürze, Kräutersenf eine besondere Köstlichkeit.

*Gesundheit:* Heilkräftig sind die Bitterstoffe der Schafgarbe. Sie wirken appetitanregend, verdauungsfördernd und manche auch entzündungshemmend. Für Heilzwecke sammelt und trocknet man die blühenden Pflanzen. Tee aus selbst gesammelter Schafgarbe regt bestenfalls den Appetit und die Verdauung an. Nur Schafgarbe aus der Apotheke ist garantiert entzündungshemmend.

*Schafgarbe selbst anbauen:* Die Schafgarbe ist ausdauernd und vermehrt sich sehr leicht durch flach liegende Ausläufer vegetativ. Sie ist daher eine dankbare Gefährtin im Garten, wo sie sich problemlos ansiedeln lässt. Weil sie trittfest ist, kann man sie sogar direkt in den Rasen setzen, oder man bietet ihr ein Beet. Auf jeden Fall aber braucht sie ein warmes, trockenes Plätzchen. Der Fachhandel verfügt zudem über rot und gelb blühende Sorten, die als Schnittstauden oder Bodendecker angeboten werden.

## Schlehdorn

Schlehe
Schwarzdorn
Hagdorn
*Prunus spinosa (Rosaceae)*
**Herbst**

*Schlehdorn, fruchtend*

*Verwendete Pflanzenteile:* Früchte (Schlehen), Blüten

*Erntezeit:*
Blüten: April (für Heilzwecke)
Schlehen: Ende September bis November

*Vorkommen:* Der Schlehdorn ist ein kleiner Strauch oder Baum, der es licht und warm liebt. Er wächst deshalb an Waldrändern, in Hecken und Gebüschen. Er ist bei uns häufig zu finden, mag aber eher die Ebene als das Gebirge, wo er sich nur mit den unteren Lagen bis ca. 1000 m wirklich anfreunden kann.

*Aussehen und Geschmack:* Die Früchte (botanisch Steinfrüchte) sehen aus wie kleine, kugelige Zwetschken und sind auch genauso blauweiß bereift. Tatsächlich dürfte der Schlehdorn ein Vorfahre der Kultur-Zwetschke sein. Im Gegensatz zu dieser sind die Früchte aber nur ca. 1 cm groß, herb-sauer und nicht kerngängig. Dies bedeutet, dass sich das grünliche Fruchtfleisch nicht freiwillig vom Kern löst. Die Früchte reifen meist im September und sitzen einzeln an kurzen Fruchtstielen. Ein gutes Merkmal, an welchem man den Schlehdorn erkennen kann, ist die Art, wie die Früchte an den Zweigen sitzen. Sie bilden nämlich blaue „Fruchtnester" in der Mitte des Strauches, während die Zweigspitzen grün sind und nur vereinzelt Früchte tragen. Überdies hat der Schlehdorn zu seiner Verteidigung ca. 2 cm lange Dornen aufzuweisen, worauf ja auch der Name Bezug nimmt. Manchmal trifft man auf Pflanzen mit größeren Blättern und auch größeren Früchten. Ob es sich dabei um eine Kultur-Sippe des Schlehdorns oder einfach um einen Schlehdorn handelt, der mit einer Zwetschke „fremdgegangen" ist, kann uns eigentlich egal sein, wichtig ist, dass wir es hier mit dem Ernten leichter haben.

*Ernte und Verarbeitung:* Die Früchte lassen sich nach dem ersten Frost leichter verarbeiten und schmecken dann auch milder. Wenn man allerdings darauf wartet, waren meist die Vögel schneller und haben halb leere Sträucher hinterlassen. Pfiffiger ist es, die reifen Schlehen zu ernten und einzufrieren oder abliegen zu lassen. Auch dann lassen sie sich leichter verarbeiten. Schlehen vertragen sich gut mit Zwetschken, Äpfeln und Birnen. Ihr Charakter ist so ausgeprägt, dass ihm auch das „Strecken" mit Kultur-Obst nichts ausmacht. Für ein Kilogramm Schlehen benötigt man, je nach Sammeltrieb, bis zu einer Stunde. Empfehlenswert ist es, einen Teil der Beute zu trocknen und für einen Wildfrucht-Tee zu verwenden. Getrocknete Schlehen schmecken, langsam gekaut, angenehm und lange nicht so herb-sauer wie die frischen Früchte.

*Kulinarisches:* Wer Freude an Farben hat, dem wird das Arbeiten mit Schlehen ein sinnliches Vergnügen bereiten. Die kulinarischen Kreationen leuchten rotgold bis blauviolett. Ein in Ehren gealterter Schlehen-Likör, früher Schlehenwein oder „vino di prugnola" genannt, bewahrt auch nach Jahren noch das Rotgold der Sonne, welche die Früchte einst reifen ließ. Er entfaltet im Glas einen feinen Geschmack, der ein wenig an alten Portwein erinnert. Man kann auch süße Terrinen, Gelees, Chutneys, Marmelade und Konfitüre aus den Schlehen herstellen, allesamt in harmonischen Rot-, Violett- oder Blautönen. Ihr Geschmack ist angenehm herb, egal ob als Brotaufstrich oder anstelle von Preiselbeeren als Beilage zu Fleisch.

*Gesundheit:* Schlehen enthalten neben Säuren, Farbstoffen, Zucker und Vitaminen relativ viele Gerbstoffe. Diese verleihen den Früchten nicht nur den herben Charakter, sondern wirken auch gegen Appetitlosigkeit und leichten Durchfall. Am Morgen genossen, wird Schlehen-Marmelade zur allgemeinen Kräftigung empfohlen, was man durch ein Zelebrieren des Frühstücks noch verstärken kann. Doch im Übermaß verspeist bewirken Schlehen Magen- und Darmstörungen. Die Kerne, welche man nur mühsam vom Fruchtfleisch lösen kann, enthalten Blausäure (Glykoside), einen Giftstoff, der uns davon abhalten sollte, sie zu zerbeißen.

Die Blüten des Schlehdorns, die man zirka im April ernten kann, ergeben einen „blutreinigenden" Tee. Damit ist gemeint, dass sie mild harntreibend und leicht abführend wirken.

*Nostalgisches, Mystisches und Magisches:* Unreife Schlehen hat man früher zum Schwarzfärben von Wolle verwendet. Aus den reifen Schlehen stellte man einen Schlehenwein her, der als Haustrunk beliebt war. Interessant ist, dass in der katholischen Kirche der Schlehengenuss als sündhaft galt, denn es hieß, er fördere die Empfängnis.

*Schlehdorn selbst anbauen:* Der Schlehdorn verlangt einen lichten und warmen Platz. Er braucht überdies einen nährstoffreichen Boden, mag es aber keinesfalls feucht, sondern eher trocken. In Berggebieten über 1000 m ist es ihm bereits zu rau.

Früher pflanzte man den Schlehdorn als natürlichen Zaun, worauf die alte Bezeichnung „Hagdorn“ Bezug nimmt. Es wäre überlegenswert, ob man diese schöne Tradition nicht wieder neu belebt. Warum müssen es immer die schwarzgrünen, stumpfen Thujen sein, deren Früchte noch dazu ungenießbar sind? Eine Schlehdornhecke bietet Schutz und Nahrung, nicht nur uns, sondern auch Vögeln und Schmetterlingen.

## Taubnessel und Goldnessel

Verschiedene Taubnessel- und Goldnessel-Arten

*Lamium spp.*

*Galeobdolon spp. (Lamiaceae)*

**Frühling**

*Gefleckte Taubnessel, blühende Pflanzen*

*Allgemeines:* Die Taub- und Goldnesseln unterscheiden sich von der Brennnessel durch das Fehlen von Brennhaaren, durch auffällige rot-violette, weiße oder gelbe, süß schmeckende Blüten sowie durch andere Inhaltsstoffe. Sie sind botanisch überhaupt nicht miteinander verwandt.

Die wichtigsten Taubnessel-Arten sind die Purpur-Taubnessel *(Lamium purpureum)* und die Gefleckte Taubnessel *(Lamium maculatum)* mit purpurfarbenen Blüten und die Weiße Taubnessel *(Lamium album)* mit weißen Blüten.

Die wichtigste Goldnessel-Art ist die Berg-Goldnessel *(Galeobdolon montanum)* mit gelben Blüten.

*Verwendete Pflanzenteile:* Blätter, Blüten

*Erntezeit:* Ende März bis etwa Mai

*Vorkommen:* Die Gefleckte und die Weiße Taubnessel sowie die Berg-Goldnessel kommen an ähnlichen Standorten vor wie die Brennnessel. Sie bevorzugen nährstoffreichen Boden, der nicht zu trocken sein darf. Dazu gehören Auwälder, Waldränder, Ufer, Hecken, Gärten und Zäune.

*Goldnessel, blühende Pflanze*

Die Purpur-Taubnessel liebt Licht und wächst hauptsächlich auf Äckern, in Weinbergen, aber auch auf Schuttplätzen und an Wegen.

**Doppelgänger:**

Taub- und Goldnessel haben nutzbare Doppelgänger: die Brennnessel (S. 32) und den Gundermann (S. 41).

*Aussehen und Geschmack:* Auf den ersten Blick ähneln sich die Blätter von Brennnessel und Taub- bzw. Goldnessel. Allerdings sind die Blätter der Taub- und Goldnessel-Arten viel kleiner und haben keine Brennhaare. Darauf nimmt auch der deutsche Name „Taubnessel“ Bezug. Die Blätter messen 4-5 cm und haben außerdem einen deutlich kürzeren Blattstiel. Wie bei der Brennnessel stehen auch bei den Taub- und Goldnessel-Arten immer zwei Blätter pro Blattknoten. Auch der Blattrand kann gesägt sein, aber die Nebenblätter fehlen. Blühende Pflanzen erreichen fast nie die Dimensionen einer Großen Brennnessel, sondern sind deutlich zarter, kleiner und werden höchstens einen halben Meter hoch.

Blühende Taub- und Goldnesseln haben einen deutlichen Stockwerkbau und völlig anders gestaltete Blüten. Diese sind im Gegensatz zu den Brennnesselblüten recht auffällig und bunt. Man nennt sie auch Lippenblüten. Sie haben eine deutliche Ober- und Unterlippe und eine Kronröhre. Diese ist bei der Weißen und bei der Gefleckten Taubnessel gebogen, bei der Purpur-Taubnessel hingegen gerade. Die Gefleckte Taubnessel hat purpurfarbene große Blüten, die Weiße Taubnessel ebenfalls große, aber weiße Blüten, die Purpur-Taubnessel vergleichsweise kleine Blüten, die wiederum purpurn gefärbt sind. Die Goldnessel kann man von den Taubnesselarten sehr einfach anhand ihrer gelben Blüten unterscheiden. Sie schmecken süßlich, weil sie allesamt Nektar enthalten.

Ihr graziler Bau und die schönen Blüten sind eine Freude für das Auge.

Die Blätter kann man unbesorgt zerreiben. Sie riechen angenehm herb und sind deutlich aromatischer als Brennnesselblätter. Roh genossen sind sie interessant, aber eine Spur herber als Brennnesseln.

*Ernte und Verarbeitung:* Man erntet die jungen Blätter oder auch die blühenden Triebstücke. Beides kann man gut mit Brennnesseln mischen. Die Mischung ist aromatischer und geschmacklich extravaganter als ein Gericht aus reinen Brennnesseln. Am besten nimmt man ⅔ Brennnesseln und ⅓ Taub- bzw. Goldnesseln. Man blanchiert beide Sorten gemeinsam und verarbeitet sie hernach zu Suppen, Wildspinat, Aufläufen oder Soufflés. Das blanchierte Blattgemüse lässt sich ohne Geschmackseinbußen einfrieren. Im genannten Mischungsverhältnis kann man Taub- bzw. Goldnesseln auch zusammen mit Brennnesseln trocknen, hernach fein zerreiben und so eine Suppenwürze der anderen Art herstellen. Auch die hübschen, süßlichen Blüten sind gut zu sammeln. Sie ergeben eine extravagante Garnitur für Salate, Saucen, Suppen und Süßspeisen.

*Kulinarisches:* Taub- bzw. Goldnesseln pur sind nicht jedermanns Sache, aber in Kombination mit Brennnesseln ergeben sie interessante Geschmacksnuancen und exquisite Delikatessen.

*Gesundheit:* Im Gegensatz zu den Brennnesseln enthalten die Taub- und Goldnesseln Aromastoffe (ätherisches Öl) und Gerbstoffe. Sie werden nur in der Volksheilkunde verwendet und sollen dort beruhigend und entzündungshemmend wirken, was allerdings durch wissenschaftliche Forschungen nicht belegt ist.

*Taubnesseln selbst anbauen:* Auf gut gedüngten, nicht zu trockenen und gut beschatteten Stellen wachsen Weiße und Gefleckte Taubnessel sowie die Berg-Goldnessel im Garten fast so fulminant wie die Große Brennnessel. Die Purpur-Taubnessel braucht mehr Licht, ist dann aber eine treue Gefährtin. Ihre nektarreichen Blüten sind außerdem eine wichtige Futterquelle für Bienen und Hummeln.

**Taubnessel, Blatt**

**Brennnessel, Blatt**

**Gundermann, Blatt**

# Veilchen

März-Veilchen
Duft-Veilchen
Wohlriechendes Veilchen
Osterveigerl
*Viola odorata (Violaceae)*
**Frühling**

*Wohlriechendes Veilchen, blühende Pflanzen*

***Verwendete Pflanzenteile:*** Blüten, Blätter
***Erntezeit:*** Blüten im März/April
Blätter etwa ab März, so lange, wie sie zu finden sind
***Vorkommen:*** Der reizende, violett blühende Frühlingsbote wächst in Hecken, Gebüschen, an Waldrändern, Flussufern, in Auwäldern und Gärten. Der Boden soll nährstoffreich und frisch, das Klima mild und nicht zu trocken sein. Unter solchen Voraussetzungen gedeiht das Wohlriechende Veilchen – das vom Mittelmeergebiet bis Westasien heimisch ist – prächtig. Bestenfalls in wärmeren Lagen (Pannonikum, Tessin) kommt es wirklich wild vor, überall anders hat es sich aus Beeten und Gärten einfach selbstständig gemacht.
***Aussehen und Geschmack:*** Das Wohlriechende Veilchen erkennt man am einfachsten an seinen schönen, dunkelvioletten, charakteristisch duftenden Blüten, die aromatisch und süßlich schmecken. Betrachtet man die Pflanze genauer, so sieht man, dass sie Blattrosetten hat. Die Blätter können ebenfalls für Kräutersuppen verwendet werden. Sie sind lang gestielt, nieren- oder herzförmig, matt, stets behaart und lebhaft dunkelgrün, der Blattrand ist deutlich gekerbt, die Blatt-Unterseite oft glänzend. Sie schmecken angenehm nussartig und sind beim Zerreiben geruchlos. Das Wohlriechende Veilchen überdauert unterirdisch mit einem Rhizom und ist deshalb auch eine mehrjährige, dankbare Gartenpflanze, die sich rasch durch Ausläufer vermehrt. Es wächst in geschützten Lagen bis etwa 1000 m.

**Doppelgänger:**
Essbar:
Andere Veilchen-Arten *(Viola spp.; Violaceae)*
Alle anderen Veilchen-Arten mit nicht duftenden, größeren Blüten meist hellerer Farbe. Für Garnituren sind auch diese Blüten gut zu verwenden, wegen des fehlenden Aromas nicht jedoch für Essenzen. Ihre Blätter eignen sich – wie die des Wohlriechenden Veilchens – für Kräutersuppen.

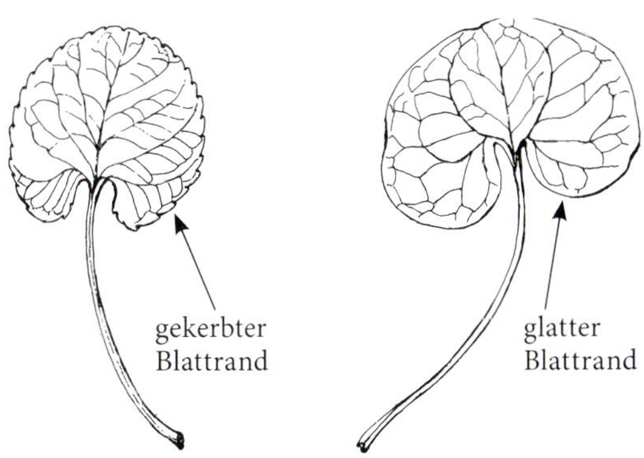


*Wohlriechendes Veilchen* *Haselwurz*

Feigwurz *(Ficaria verna* bzw. *Ranunculus ficaria; Ranunculaceae)*
Die Feigwurz ist ein Hahnenfußgewächs mit gelben auffälligen Blüten. Ihre Blätter sind so wie Veilchenblätter lang gestielt und diesen in Form und Farbe recht ähnlich. Feigwurzblätter haben aber eine andere Blattaderung, auffälligen Glanz und einen gewellten Blattrand. Vor der Blüte der Pflanze kann man sie sparsam für ein Kräutersüppchen verwenden. Später sollte man sie nicht mehr nehmen, da sie dann vermehrt eine giftige, hautreizende Substanz (das Protoanemonin) enthalten. Vor allem roh gegessen führen sie zu Schleimhautreizungen im Mund.

Nicht essbar:
Haselwurz *(Asarum europaeum; Aristolochiaceae)*
Die Blätter der Haselwurz sind lang gestielt, derb, dunkelgrün, oberseits stark glänzend, nierenförmig und haben andere Blattaderung und einen glatten Blattrand (S. 77). Beim Zerreiben manchmal schwach und angenehm duftend. Haselwurzblätter wirken abführend und werden nicht verwendet.

***Ernte und Verarbeitung:*** Die Veilchenblüten werden gepflückt und gleich in einer Plastiktüte verwahrt. So bewahren sie ihr Aroma am besten. Man verwendet sie ausschließlich roh und muss sie rasch verarbeiten, da sie sonst verwelken. Sie eignen sich als Dekor und für die Herstellung von Essenzen wie etwa Veilchen-Essig und Veilchen-Bowle. Man kann Veilchen auch kandieren, dies ist jedoch sehr arbeitsintensiv und nicht jedermanns Sache. Einfach hingegen ist die Herstellung von Veilchenzucker (S. 124), wofür man die Blüten nur trocknen muss.

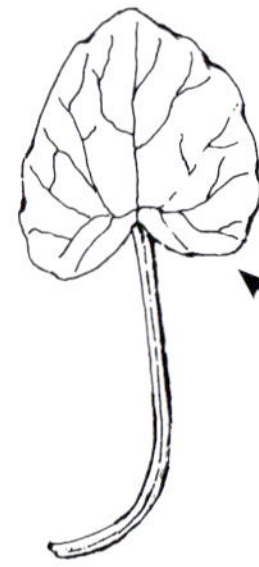


*Feigwurz*

Aus den Blättern, die man so lange sammeln kann, wie sie zu finden sind, bereitet man zusammen mit anderen Wildkräutern (wie etwa Schafgarbe, Gundermann und Gänseblümchen) ein delikates Süppchen.

***Kulinarisches:*** Veilchenblüten gehören wegen ihres zarten Aromas zu den feinsten Geschenken der Natur. Am intensivsten erlebt man dies, wenn man die Blüten roh isst. Sie sind eine entzückende Garnitur für Salate, Suppen und Süßspeisen. Überdies enthalten sie auch einen violett-roten Farbstoff, der Veilchen-Essig und Veilchen-Bowle zartrot färbt.
***Gesundheit:*** Das Wohlriechende Veilchen enthält neben Aroma- und Farbstoffen auch heilkräftige Substanzen. Von diesen sind Salicylsäuremethylester und Saponine nennenswert und maßgeblich für die frühere Verwendung der Pflanze als Mittel gegen Entzündungen und Husten.
***Nostalgisches:*** In der griechischen Mythologie ist das Veilchen ein verzaubertes Mädchen.
Die Tochter des Atlas wollte sich vor Apollo verbergen und wurde daraufhin in ein Veilchen verwandelt.

*Wohlriechendes Veilchen selbst anbauen:* Am einfachsten ist es, einige Pflanzen aus der Natur in den Garten zu setzen, womöglich anfangs schattig, zum Beispiel unter ein Gebüsch. Dort bilden die Pflanzen bald Ausläufer und anschließend weitere Blattrosetten. Der Boden soll frisch, nährstoffreich, mild bis mäßig sauer sein.

## Weißdorn

Hagedorn
Mehlbeere
*Crataegus spp. (Rosaceae)*
**Herbst**

*Weißdorn, fruchtend*

*Verwendete Pflanzenteile:* Früchte
*Erntezeit:* September bis November
*Vorkommen:* Der Weißdorn ist ein dorniger Strauch, seltener ein Baum. Von mehreren Weißdorn-Arten, die bei uns vorkommen, sind der Einkern-Weißdorn (Eingriffel-Weißdorn, *Crataegus monogyna*) und der Zweikern-Weißdorn (Zweigriffel-Weißdorn, *Crataegus laevigata*) die wichtigsten. Sie heißen so, weil die Früchte einen oder zwei Kerne enthalten. Während der Einkern-Weißdorn Licht und Wärme liebt, mag es der Zweikern-Weißdorn eher schattig und etwas bodenfeuchter. So findet man den Einkern-Weißdorn an Waldrändern, auf Lichtungen, in trockenen Gebüschen und an Felsen, den Zweikern-Weißdorn hingegen meist in Eichen- und Buchenwäldern. Beide bevorzugen eher kalkhaltigen Boden und kommen bis in mittlere

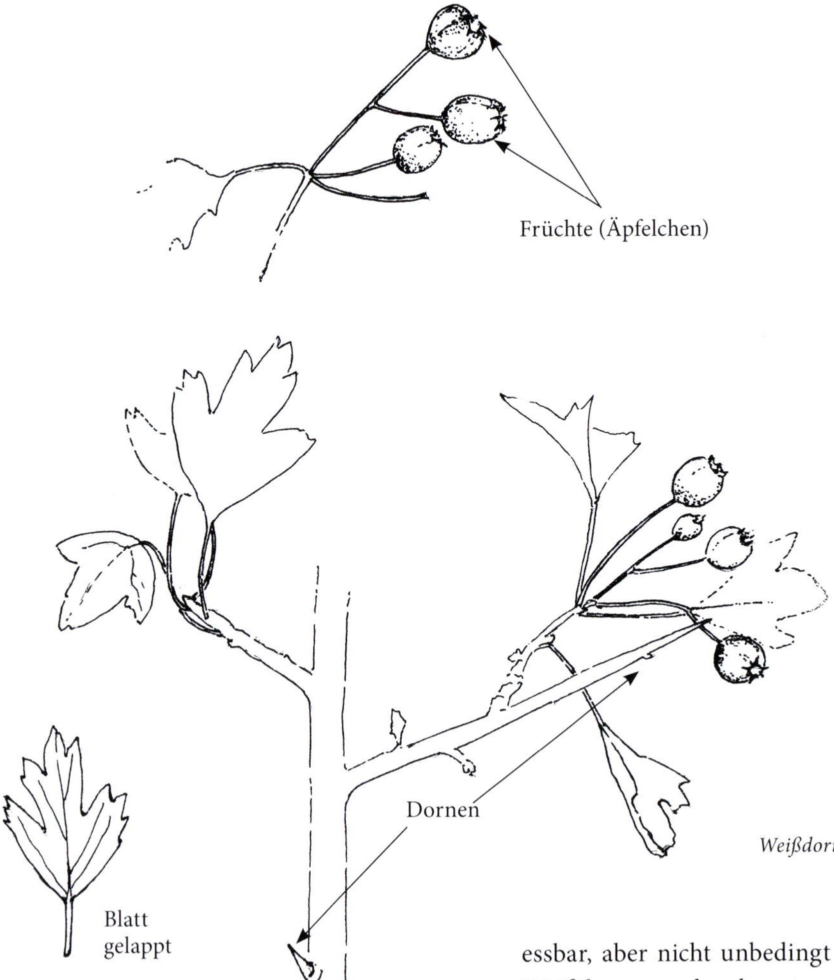


*Weißdorn, fruchtender Zweig*

Gebirgslagen vor, wobei der Zweikern-Weißdorn seltener ist. Beide bastardieren fröhlich miteinander, was eine genaue Bestimmung für den Botaniker schwierig macht. Für uns ist es eigentlich nur wichtig, den Weißdorn als solchen zu erkennen – was wiederum recht einfach ist.

***Aussehen und Geschmack:*** Weißdornfrüchte sind botanisch Apfelfrüchte, und wie winzige, weinrote Äpfelchen sehen sie auch aus. Sie sind kugelig, zirka 1 cm lang und sitzen an langen Fruchtstielen, die beim Pflücken leicht mitgehen. Trocken-mehlig und von mildem, leicht herbem Geschmack, sind sie roh zwar essbar, aber nicht unbedingt aufregend. Den Weißdornstrauch erkennt man leicht an seiner graubraunen Rinde und den vereinzelten, spitzen Dornen. Die Früchte sitzen in Büscheln an den kurzen, seitlichen Trieben, die Blätter sind gelappt.

Den Namen „Weißdorn“ erhielt die Pflanze zum einen wegen ihrer Dornen, zum anderen wegen ihrer weißen Blüten, die im Mai erscheinen.

***Ernte und Verarbeitung:*** Weißdornfrüchte kann man bis in den November hinein ernten, weil sie nicht so leicht abfallen. Mehr Beute macht man jedoch, wenn man bereits im September erntet und die Früchte vor der Verarbeitung entweder einfriert oder etwa eine Woche lang abliegen lässt, um sie weicher zu machen. Einen Teil der Früchte kann man anschließend auch trocknen.

Beim Kochen der ganzen Früchte tritt anfangs Fischgeruch auf, der von biogenen Aminen (z. B. Trimethylamin) in der Pflanze verursacht wird. Dieses unangenehme Aroma verflüchtigt sich jedoch rasch und macht einem köstlichen Geruch Platz. Eine zweite Überraschung hält das Weißdorn-Mus nach dem Pürieren parat. Fügt man Zucker hinzu, so ändert sich die Farbe, und aus einem Blutrot wird ein sattes Dunkelrot.

Aus den Früchten, die sich gut mit Berberitzen, Äpfeln und Birnen vertragen, lassen sich leckere Gelees, Marmeladen und Desserts herstellen.

*Kulinarisches:* Mischmarmeladen und Gelees aus Weißdorn schmecken köstlich: mild, aber doch pointiert herb-aromatisch. Von tiefroter, ansprechender Farbe, sind sie auch eine Freude für das Auge. Wie wäre es einmal mit einem delikaten Dessert, z. B. einem Weißdorn-Pudding mit Vanillesauce? Aus getrockneten Weißdornfrüchten lässt sich ein Wildfrucht-Tee herstellen, der an Wintertagen wärmt.

Eine nah verwandte Kulturpflanze ist der wärmeliebende Azarolapfel (die Azarole, *Crataegus azarolus*). Diese Art wird im Mittelmeergebiet häufig kultiviert und trägt orange oder gelbe Früchte, die größer sind als die der heimischen Weißdorn-Arten. Man erhält sie manchmal eingelegt als kulinarische Besonderheit. Auch für Gesundheitsprodukte finden sie vereinzelt Verwendung.

Interessant ist vielleicht noch, dass auch die ganz jungen Blätter der Weißdorn-Arten angenehm schmecken. Meist erscheinen die Blätter im April und nur dann sind sie mild und nussig, später werden sie zäh. Mit Bedacht gesammelt, um die Pflanzen nicht zu schädigen, ist eine Hand voll junger Weißdornblätter eine interessante Zutat für einen Frühlingssalat.

*Gesundheit:* Die Früchte haben einen hohen Pektingehalt und sind überdies herzwirksam. Pektine werden in der Ernährungswissenschaft neuerdings hoch bewertet, da sie den Cholesterinspiegel senken können.

Die herzwirksamen Substanzen (Procyanidine und Flavonoide) kommen in der ganzen Pflanze vor und werden aus Blättern, Blüten und Früchten für Arzneimittel gewonnen. Man stellt daraus standardisierte Extrakte her, die bei leichteren Formen von Herzerkrankungen angewendet werden. Sie bewirken eine bessere Durchblutung des Herzens und der Herzkranzgefäße.

*Nostalgisches, Mystisches und Magisches:* Unsere Vorfahren sprachen dem Weißdorn magische Kräfte zu. Der deutsche Name „Hagedorn" kommt vom althochdeutschen „hag", was soviel wie Einfriedung oder Einhegung bedeutet. Früher pflanzte man ihn als lebenden Zaun, der dank seiner Dornen einen undurchdringlichen Schutz vor wilden Tieren und Dämonen bot. Böse Geister, namentlich die „Hagazissa" oder „Hagazussa", eine alt nordische Hexe, die in der Wildnis ihr Unwesen trieb, waren gefürchtet. „Hagazussa" heißt „Zaunsitzerin", und dies bedeutet, dass das „Hageweib", wie es auch hieß, den Schutzzaun des Weißdorns nicht überwinden konnte. Nach altem Glauben war der Weißdorn eine Pflanze der Weißen Magie und konnte bösen Zauber abwehren.

*Weißdorn selbst anbauen:* Der Weißdorn eignet sich als Heckenpflanze. Er benötigt einen sonnigen Standort und kalkhaltigen Boden. Der Fachhandel bietet auch rotblütige Zierformen an.

# Wiesenknopf

Kleiner Wiesenknopf
Bibernelle, Pimpernelle
*Sanguisorba minor (Rosaceae)*
**Sommer**

*Kleiner Wiesenknopf*

*Verwendete Pflanzenteile:* Blätter
*Erntezeit:* Juni bis Oktober, in schneearmen, milden Wintern sogar bis Dezember/Januar.
*Vorkommen:* Der Kleine Wiesenknopf liebt Wärme und Licht. Er mag es eher trocken und kalkreich. Man findet ihn häufig auf sonnigen, nährstoffarmen Mager- und Halbtrockenrasen, an Böschungen und Dämmen, Weg- und Ackerrändern. Im Allgemeinen eher eine Pflanze der Ebene, kommt der Kleine Wiesenknopf doch bis in Höhen von etwa 600 m vor. In Norddeutschland ist er selten anzutreffen.
*Aussehen und Geschmack:* Der Kleine Wiesenknopf ist eine ausdauernde, elegante Pflanze und an den blaugrünen Blattrosetten leicht zu erkennen. Die Fiederblätter wirken wie aus geklöppelter Spitze, was an den zierlichen Blättchen (Fiedern) liegen mag. Sie sind kurzstielig, kahl, rundlich und grob gezähnt. Sie sitzen in zwei bis sechs Paaren an einer zähen, mehr oder weniger behaarten Mittelrippe. Der Umriss der Blättchen ist variabel, rundlich bis länglich (siehe Abbildung unten). Sie riechen und schmecken schwach nach Gurke, ein wenig herb, aber nicht richtig bitter und angenehm nussig. Zur Blütezeit (etwa im Juni) zeigt der Kleine Wiesenknopf aufrechte, verzweigte Stängel und knopfige, rot-grüne Blütenköpfchen (daher der Name „Wiesenknopf“).

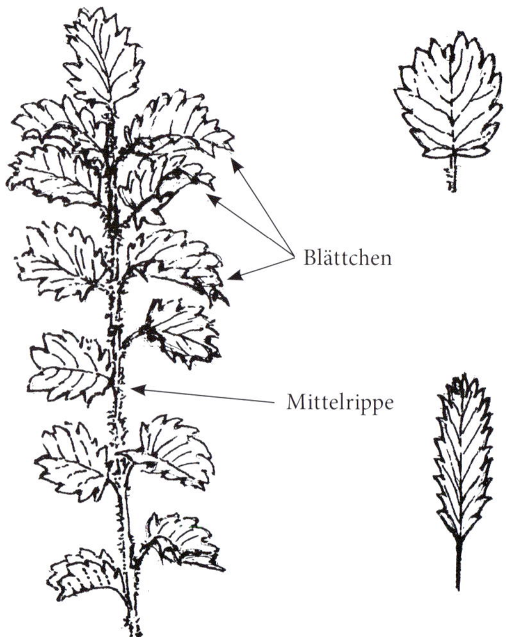


*Blättchen mit unterschiedlichem Aussehen (rechts)*

*Kleiner Wiesenknopf, Blatt (links),*

**Doppelgänger:**
Großer Wiesenknopf (*Sanguisorba officinalis*): Er wächst in feuchten bis nassen Wiesen und blüht dunkelrot. Er ist genauso zu verwenden wie der Kleine Wiesenknopf.

*Ernte und Verarbeitung:* Man kann jüngere wie ältere Blätter ernten. Wichtig ist eigentlich nur, dass man die zähe Mittelrippe der Fiederblätter nicht mit verwendet, sondern die Blättchen abstreift. Man zerkleinert sie sorgfältig und gibt sie Marinaden aus Sauerrahm oder Joghurt bei. Zum Trocknen ist der Kleine Wiesenknopf nicht geeignet, da das Aroma zerstört wird. Einfrieren bringt etwas bessere Ergebnisse, ist aber auch nicht optimal. Am besten ist es, den Kleinen Wiesenknopf im Garten oder am Balkon an einem geschützten Plätzchen zu kultivieren. Seine Rosetten bleiben dann auch im Winter ansehnlich grün.

*Kulinarisches:* Der Kleine Wiesenknopf ist ein köstliches Gewürz für kalte Suppen und mollige Salat-Marinaden auf Basis von Sahne, Sauerrahm oder Joghurt. Sein etwas herber, gurkenartiger Geschmack passt hervorragend zu Gurken, Tomaten und Blattsalaten.

*Nostalgisches:* Der Kleine Wiesenknopf wurde früher häufig als Salat- und Suppenkraut kultiviert. Etwa seit dem 16. Jahrhundert wird die „Garten-Bibernelle“, eine spezielle Sorte, angebaut. Auch sie wurde für Suppen sowie Gurken- und grünen Salat als Gewürz verwendet.

*Kleinen Wiesenknopf selbst anbauen:* Der Kleine Wiesenknopf wird häufig unter der Bezeichnung „Bibernelle“ als Topfpflanze im Gartenfachhandel oder in Baumärkten angeboten. Im Garten oder Balkontrog liebt er ein geschütztes, sonniges, nicht zu feuchtes Plätzchen mit kalkhaltiger, lehmiger, aber lockerer Erde.

# Rezepte

Die in den Rezepten angegebenen Mengen gelten,
wenn nicht anders angegeben, für vier Portionen.

Abkürzugen:

E = Energie
F = Fett
KH = Kohlenhydrate
EW = Eiweiß
Ba = Ballaststoffe
BE = Broteinheiten

Erfasste Vitamine Vit C, Beta-Karotin

◔ = einfach

◔◔ = mittelschwer

◔◔◔ = aufwendig

1 EL = 1 Esslöffel ( = 10-12 g)
1 TL = 1 Teelöffel (= 5 g)

1 Handvoll Wildkräuter = etwa 100g

Nährwertberechnungen Dr. Petra Rust,
Department für Ernährungswissenschaften, Universität Wien

ABSINTH, WERMUT

SOMMER

# Martini d'or Viennoise

**Ansatz**
- 1 Bouteille (0,7 l) Weißwein
- 10 Blätter Wermut, frisch (ersatzweise 2 EL getrocknete Blätter aus der Apotheke)

**Fertigstellung**
- 1/4 l Wasser
- 150 g Kristallzucker
- 2 Stangen Zimt, grob zerkleinert
- 1 EL Koriander
- 1 TL Kardamom-Samen (oder der Inhalt von 10 Kardamom-Kapseln)
- ca. 6 Safranfäden, frisch zerkleinert

**Dekoration**
Ein halbes Blättchen Blattgold

Ansatz
Weißwein in ein 1-l-Glas füllen und Wermutblätter hinzufügen.
Am besten über Nacht ziehen lassen, Ziehzeit 8 Stunden bis maximal 12 Stunden (je länger die Ziehzeit, desto bitterer wird der Aperitif).

Fertigstellung
Wasser mit Zucker und Gewürzen 10 Minuten offen einkochen lassen.
Wermut-Ansatz mit Gewürz-Zuckersirup vermischen und in eine Flasche füllen.
Eventuell Blattgold zugeben (s. Rezept „Herrengold", S.146).
Flasche im Kühlschrank aufbewahren und den Aperitif nach der Fertigstellung mindestens einen Tag ruhen lassen. Dieser Aperitif ist zum alsbaldigen Verbrauch bestimmt.
Haltbarkeit im Kühlschrank: ca. 3-4 Wochen

Dieser Martini ist ein würziger, zart-bitterer Aperitif. Wer es gerne deutlich bitter mag, muss die doppelte Menge Wermutblätter nehmen.
Man kann anstelle von Weißwein auch Rotwein verwenden.

Variation: Roter Wermutwein
1 l Rotwein ( z. B. St. Laurent Landwein)

Nährwertangaben pro 100 ml

| | |
|---|---|
| E | 106 kcal |
| KH | 14 g |
| BE | 1,2 BE |
| Alkohol | 6 g |

# Amarant-Quiche

AMARANT

SOMMER

für 6 Personen

Teig

120 g Topfen (Quark), 10 % F.i.Tr.
120 g Butter oder Margarine
120 g Mehl, glatt
Salz

Fülle

300 g Blätter vom Rau-Amarant
250 g Tofu (fest)
200 g Schafkäse (fest)
50 g Toastbrot (2 Scheiben)
2 Eier
2 EL Dost (frisch oder getrocknet), zerkleinert
3 Knoblauchzehen zerdrückt
Salz
Schwarzer Pfeffer
rote, gelbe und grüne Paprikastreifen zum Belegen
100 g Parmesan, gerieben, zum Bestreuen

Quiche- oder Auflaufform (Inhalt 1,5-2 l) einfetten. Backrohr auf 200 °C vorheizen.
Aus den Teigzutaten rasch einen Mürbteig bereiten, indem man das Mehl in eine Schüssel gibt, salzt, die kalte Butter (oder Margarine) hineinschneidet und dann zwischen beiden Händen abbröselt, den Topfen zufügt und einen geschmeidigen Teig erarbeitet. Diesen lässt man etwa 30 Minuten im Kühlschrank rasten.
Rau-Amarant waschen, blanchieren, abseihen, kalt abspülen und gut ausdrücken, anschließend fein hacken.
Toastbrotscheiben entrinden, Schmolle zerpflücken, mit Milch befeuchten, ausdrücken und gemeinsam mit den Eiern im Mixaufsatz eines Küchengerätes pürieren.
Tofu und Schafskäse reiben.
Gehackten Amarant mit Eimischung, Gewürzen und dem geriebenen Tofu sowie Schafskäse zu einer festen Fülle verarbeiten.
Teig etwa 5 mm dünn auf einem bemehlten Brett ausrollen und Form damit auslegen.
Teig mit einer Gabel mehrmals einstechen, Fülle darauf verteilen.
Mit Paprikastreifen belegen und mit geriebenem Parmesan bestreuen.
Im Backrohr bei 200 °C etwa 5 Minuten scharf anbacken, dann die Hitze auf 180 °C reduzieren und etwa 30 Minuten goldbraun backen.

---

Diese farbenfrohe, köstliche Vorspeise verlangt nach einem leichten Rotwein oder einem Rosé. Sie ergibt auch ein kleines Nachtmahl für zwei.

---

Nährwertangaben pro 100 g

| | |
|---|---|
| E | 224 kcal |
| F | 15 g |
| KH | 10 g |
| EW | 12 g |
| Ba | 1,5 g |
| BE | 0,8 BE |

Vitamin C 38 mg
reich an Vitamin C

# Schaumsüppchen vom Amarant

AMARANT

SOMMER

200 g Blätter vom Rau-Amarant
ca. 1/2 l kräftige Hühnersuppe
1 kleine Zwiebel
1 walnussgroßes Stück Butter
Prise Salz
Prise Muskatnuss
1/8 l Obers (Sahne)

Dekoration:
Geröstete Weißbrotwürfel von 2 Scheiben Toastbrot oder gehackte Petersilie.

Blätter in kochendem Wasser ca. 1 Minute blanchieren, abseihen, kalt abspülen, gut ausdrücken und mit einem großen Messer grob hacken.
Zwiebel schälen und fein hacken.
Butter zerlassen und gehackte Zwiebel darin anrösten, zerkleinerten Amarant zufügen, gut durchrühren und mit Hühnersuppe ablöschen.
Salz und Muskatnuss zugeben und etwa 10 Minuten weich kochen, pürieren, mit restlicher Suppe aufgießen und noch einmal kurz aufkochen lassen.
Obers zufügen, mit dem Pürierstab aufschäumen und mit gerösteten Weißbrotwürfeln bestreut sofort servieren.

Der pürierte Amarant eignet sich hervorragend zum Einfrieren und kann später entweder als Suppe oder als Beilage, ähnlich Spinat, verarbeitet werden.
Das (ungesalzene) Blanchierwasser nicht weggießen, sondern abkühlen lassen und zum Blumendüngen verwenden.

| Nährwertangaben pro 100 g | |
|---|---|
| E | 73 kcal |
| F | 5 g |
| KH | 5 g |
| EW | 2 g |
| Ba | 1 g |
| BE | 0,4 BE |

Vitamin C 38 mg
reich an Vitamin C

# Bärlauchsuppe

250 g mehlige Kartoffeln
Salzwasser
3/4 l Hühnersuppe
150 g junge Bärlauchblätter (etwa 2 Hand voll), in Streifen geschnitten
1/8 l Sauerrahm
1/8 l Obers (Sahne)
Salz
Weißer Pfeffer

Kartoffeln schälen und kleinwürfelig schneiden.
Mit Salzwasser bedeckt weich kochen.
Pürieren und in Streifen geschnittene Bärlauchblätter zugeben.
Mit der Suppe auffüllen und gut verrühren.
10 Minuten kochen, würzen.
Obers mit Sauerrahm gut vermischen und zur Suppe geben.
Gut durchrühren und nochmals erhitzen.
Mit fein gehackten Bärlauchblättern garniert servieren.

Diese würzige Suppe schmeckt besonders angenehm durch die Kombination von Kartoffelpüree mit Sauerrahm und Obers.

Nährwertangaben pro 100 g

| | |
|---|---|
| E | 52 kcal |
| F | 4 g |
| KH | 3 g |
| EW | 1 g |
| Ba | unter 1 g |
| BE | 0,3 BE |

# Bärlauch-Terrine

Zutaten (für Form mit 1,5 l Inhalt)

**Terrine**
100 g Bärlauchblätter
150 g Tofu (fest)
1/8 Sauerrahm
1/8 l Joghurt
1/8 l Obers (Sahne)
Salz
Weißer Pfeffer
12 Blatt Gelatine

**Räucherlachskern**
100 g Tofu
125 g Räucherlachs

**Blütengarnitur**
5 junge, zarte Bärlauchblätter
10 Veilchenblätter
25 Veilchenblüten
10 Primelblüten
Saft einer Zitrone und 1 EL Wasser
7 Blatt Gelatine

**Safrangelee**
8 Blatt Gelatine
Etwas Wasser (2-3 EL)
10 Fäden Safran
1 EL Weißwein

Räucherlachskern: Tofu und Räucherlachs grob zerkleinern, im Mixer pürieren. Masse in einen Spritzsack ohne Tülle füllen und beiseite stellen.
Bärlauchblätter kurz blanchieren, abseihen und mit beiden Händen gut ausdrücken, danach fein hacken.
Gelatine in reichlich kaltem Wasser einweichen.
Tofu grob zerbrechen und mit Salz, Pfeffer, Sauerrahm, Joghurt und Obers pürieren. Mit den fein gehackten Bärlauchblättern mischen. Gelatine gut ausdrücken und in wenig heißem Wasser auflösen. Zur Tofu-Bärlauchmasse geben und gut durchmischen.
Für die Blütengarnitur 7 Blatt Gelatine in kaltes Wasser einweichen und in etwas heißem Wasser auflösen. Veilchen- und Primelblüten kurz in Zitronenwasser tauchen und abtropfen lassen. Terrinenform fetten und mit Klarsichtfolie auslegen. Boden dünn mit Gelatine ausgießen und diese erstarren lassen. Darauf die Bärlauch- und Veilchenblätter und die Blüten gefällig verteilen, mit der restlichen Gelatine übergießen. Erstarren lassen.
Für den Räucherlachskern mittels Spritzsack ohne Tülle eine lange Rolle auf den erstarrten Gelatineboden mit der Blütengarnitur spritzen. Terrine mit der grünen Bärlauchmasse auffüllen, in den Kühlschrank stellen und mindestens 1 Stunde erstarren lassen.
Safrangelee: Gelatine in reichlich kaltem Wasser einweichen. Safranfäden zerkleinern und in Weißwein auflösen. Gelatine in etwa 3 EL heißem Wasser auflösen und Safran-Weißwein Mischung zufügen. Auf eine leicht beölte, gerade Fläche ausgießen und erstarren lassen. Danach in gefällige Rauten schneiden. Zum Anrichten die Terrine stürzen, portionieren und mit Safrangelee garnieren.

Zu dieser eleganten Vorspeise passt am besten Weißbrot, begleitet von einem Glas Chardonnay oder Sekt.

Die Räucherlachs-Tofu-Masse ergibt auch einen hervorragenden Aufstrich.

| Nährwertangaben | pro 100 g |
|---|---|
| E | 276 kcal |
| F | 18 g |
| KH | 2 g |
| EW | 25 g |
| Ba | 3 g |
| BE | 0,2 BE |

# Grüne Nudeln mit Bärlauchblättern und Bärlauchblüten

BÄRLAUCH

FRÜHLING

Bärlauchblätter waschen und in 2 cm breite Streifen schneiden.
Blütenstände waschen und beiseite stellen.
Olivenöl erhitzen und Bärlauchblätter darin andünsten.
Mit Obers aufgießen, Salz und Muskatnuss zufügen und etwa 10 Minuten köcheln lassen, die Sauce soll sämig werden.
Butter schmelzen und Bärlauchblüten kurz darin sautieren.
Nudeln in der Zwischenzeit bissfest kochen.
Auf die vorgewärmten Teller verteilen.
Crème fraîche der Bärlauch-Sauce hinzufügen und kurz erhitzen.
Bärlauch-Sauce auf die Nudeln verteilen und mit Parmesan bestreuen.
Mit sautierten Bärlauchblüten dekoriert servieren.

Zu diesem würzigen Gericht, das noch dazu rasch zubereitet ist, passt ein samtiger Rotwein.

500 g grüne Nudeln
150 g Bärlauchblätter (etwa 2 Hand voll)
1 Hand voll junge Bärlauchblüten (die Blütenstände, noch vom Hochblatt umhüllt)
1 nussgroßes Stück Butter
3 EL Olivenöl
1/4 l Obers (Sahne)
Salz
Muskatnuss
3 EL Crème fraîche
4 EL geriebener Parmesan

Nährwertangaben pro 100 g

| | |
|---|---|
| E | 211 kcal |
| F | 15 g |
| KH | 14 g |
| EW | 5 g |
| Ba | 1 g |
| BE | 1,2 BE |

# Bärlauch-Öl

Bärlauchblätter waschen und gut abtrocknen.
Anschließend grob zerkleinern und in ein gut verschließbares Glas füllen.
Mit Olivenöl übergießen und etwa 3 Wochen (kühl und dunkel) ziehen lassen.
Anschließend abseihen.

Gut 2 Hand voll Bärlauchblätter
1 l gutes Olivenöl

Die Bärlauchblätter dürfen nicht feucht in das Olivenöl gelangen, weil sie sonst leicht schimmeln.

Bärlauch-Öl ist ein apartes Salat-Öl und schmeckt köstlich mit Spaghetti im Winter.

Nährwertangaben pro 100 g

| | |
|---|---|
| E | 803 kcal |
| F | 91 g |
| KH | unter 1 g |
| EW | unter 1 g |
| Ba | unter 1 g |
| BE | 0,02 BE |

BÄRLAUCH

FRÜHLING

# Spaghetti mit Bärlauch-Öl

500 g Spaghetti
150 g Schinken in Scheiben
gut 1 EL Olivenöl
1/8 l Obers (Sahne)
2-3 EL Bärlauch-Öl
50 g Parmesan
Salz

Schinken in Streifen schneiden, in Olivenöl kross braten. Obers zugeben, etwas einkochen, bei Bedarf nachsalzen. Parmesan reiben, eine große Schüssel und die Teller vorwärmen.
Spaghetti bissfest kochen, abseihen und in eine vorgewärmte große Schüssel geben. Darin mit dem Bärlauch-Öl übergießen und gut mischen.
Auf vorgewärmten Tellern verteilen und Schinken-Obers-Mischung darüber gießen.
Mit Parmesan bestreut servieren.

Dieses sättigende und wärmende Wintergericht erinnert an die ersten Frühlingstage, an denen man den Bärlauch wieder als alten Bekannten begrüßen darf. Es passt gut zu einem Rotwein italienischen Typs, etwa einem Chianti classico.

| Nährwertangaben pro 100 g | |
|---|---|
| E | 218 kcal |
| F | 13 g |
| KH | 16 g |
| EW | 10 g |
| Ba | 1 g |
| BE | 1,4 BE |

BEIFUSS

FRÜHLING

# Barbarie-Entenfilet mit Beifuß und Kumquat-Ragout

500 g Filet von der Barbarie-Entenbrust im Ganzen (2 größere Filets)
30 g Olivenöl
30 g Butter
40 g Beifußblätter frisch (oder 20 g getrocknet)
2 g Rosa Pfeffer
6 cl Cognac
250 ml Rinds- oder Hühnersuppe
Salz

Kumquat-Ragout
150 g Kumquats
20 g Zucker
10 g Butter

Backrohr auf 180 °C Heißluft vorheizen.
Beifuß von groben Stielen befreien, fein hacken oder die getrockneten Blätter zerreiben.
Rosa Pfeffer im Mörser grob zerkleinern.
Die Haut der Barbarie-Entenbrust in größeren Abständen quer einschneiden, mit Salz, Rosa Pfeffer und Beifuß gut einreiben.
Butter und Olivenöl gemeinsam erhitzen, Filets darin beidseitig anbraten, mit Cognac löschen, flambieren und mit Suppe aufgießen.
Im vorgeheizten Backrohr bei 180 °C Heißluft 20-25 Minuten garen. 5 Minuten im ausgeschalteten Backrohr rasten lassen. Portionieren und mit dem Kumquat-Ragout gefällig garnieren. Sofort servieren.

Für das Kumquat-Ragout die Kumquats heiß waschen und in Scheiben schneiden, Kerne entfernen. Im Butter-Zuckergemisch karamellisieren.

Zu diesem farbenfrohen und aromatischen Gericht passen am besten Mangold in Marsala und Weißbrot. Ein kräftiger Rotwein ist der ideale Begleiter.

Eine mittelgroße blühende Beifußpflanze liefert rund 50 g frische Blätter. Getrocknet eignen sie sich als Enten- und Gänsegewürz.

Nährwertangaben pro 100 g (Barbarie-Entenfilet)

| | |
|---|---|
| E | 158 kcal |
| F | 11 g |
| KH | unter 1 g |
| EW | 15 g |
| Ba | unter 1 g |
| BE | 0,03 BE |

Nährwertangaben pro 100 g (Kumquat-Ragout)

| | |
|---|---|
| E | 152 kcal |
| F | 5 g |
| KH | 24 g |
| EW | unter 1 g |
| Ba | 3 g |
| BE | 2,03 BE |

BERBERITZE

HERBST

# Berberitzen-Tee

1 EL getrocknete Berberitzen pro Tasse
1 Teebeutel (Fachhandel für Teezubehör)

Berberitzen im Mixaufsatz grob zerkleinern. Diese Maßnahme erhöht den Auslaugeffekt beim Ziehenlassen und ergibt einen kräftigeren und dunkleren Tee.
Zerkleinerte Berberitzen in den Teebeutel füllen und diesen gut verschließen (Clip oder Heftklammern).
Wasser aufkochen und über den Teebeutel gießen.
10 Minuten ziehen lassen.
Nach Geschmack mit Honig oder Kandiszucker süßen.

Dieser Tee ist kräftiger als der Winter-Tee. Er ist von rötlichbrauner Farbe, ähnlich wie ein Schwarztee. Sein Aroma erinnert ein wenig an Dörrpflaumen, sein Geschmack ist kräftig und fruchtig-säuerlich. Er ist die maskuline Variante der Wildfrüchte-Tees.

Berberitze eignet sich auch hervorragend für Marmelade.

BERBERITZE

HERBST

# Winter-Tee

100 g Hagebutten
50 g Schlehen
100 g Weißdorn
50 g Berberitze

Variante
50 g Kornelkirschen
50 g Schlehen

1 Teebeutel (Fachhandel für Teezubehör)

Die getrockneten Früchte mischen.
Portionsweise in einen Mixaufsatz geben und grob zerkleinern. Diese Maßnahme erhöht den Auslaugeffekt beim Ziehenlassen und ergibt einen kräftigeren und dunkleren Tee.
Das Gemisch bis zum Gebrauch in einem gut verschließbaren Glas oder einer Dose aufbewahren.
Man rechnet 1 EL Wintertee pro Tasse.
Wintertee in den Teebeutel füllen und gut verschließen (mittels Clip oder Heftklammern).
Wasser aufkochen lassen, über Teebeutel gießen und 10 Minuten ziehen lassen,
Teebeutel entfernen.
Nach Belieben mit Honig oder Kandiszucker süßen.

Dieser Tee ist cognacfarben, von feinem Aroma und leicht säuerlichem, angenehmem Geschmack. Er ist die feminine, elegante Variante der Winter-Tees.

Tees aus Wildfrüchten sind eine aromatisch unverfälschte und höchst individuelle Alternative zu den käuflich erwerbbaren Früchte-Tees. Und sie sind ein besonderer Genuss, weil man die Zutaten selbst gesammelt hat.
Der gesundheitliche Wert beruht vor allem auf dem Gehalt an Fruchtsäuren, die eine leicht anregende Wirkung auf die Darmtätigkeit haben.
Regelmäßig angewendet leisten diese Tees einen Beitrag zur Gesunderhaltung des Darmes, weil sie gegen Verstopfung wirken.

# Brennnessel-Nocken mit Parmesan und Tomaten-Rucola-Ragout

BRENNNESSEL

FRÜHLING

Brennnesseln waschen, 5 Minuten lang blanchieren, mit kaltem Wasser abschrecken und gut ausdrücken.
Zwiebel schälen und fein hacken, in Butter-Olivenöl-Gemisch anlaufen lassen.
Brennnesseln ebenfalls hacken und zugeben. Mit Salz und Muskatnuss würzen.
Die Masse ist relativ trocken, sie wird nun vorsichtig unter ständigem Rühren und unter schrittweiser Zugabe von etwas Milch (ca. die Hälfte des angegebenen 1/8 l) 5 Minuten gedünstet und anschließend püriert. Dies ergibt ein sämigfestes Püree. Erkalten lassen.
Restliche Milch mit den 3 Eiern versprudeln, mit Salz und Muskatnuss würzen und mit dem Schneebesen unter die Brennnessel-Masse rühren.
Brösel untermischen und das Mehl zugeben. Nochmals abschmecken.
Masse 10 Minuten rasten lassen.
Salzwasser zum Kochen bringen. Mit zwei Esslöffeln Nocken von 5-8 cm Länge formen und im Salzwasser 10 Minuten kochen.Nocken vorsichtig herausnehmen, mit zerlassener Butter übergießen und mit reichlich Parmesan überstreuen, mit Tomaten-Rucola-Ragout servieren.

für 14-16 Nocken
500 g Brennnessel (junge Triebspitzen)
1 kleine Zwiebel
1 EL Olivenöl
1 nussgroßes Stück Butter
Salz
Muskatnuss
150 g Semmelbrösel (Paniermehl)
1/8 l Milch
3 Eier
3 gehäufte EL Mehl, glatt
100 g Butter, zerlassen (zum Begießen der fertigen Nocken)
100 g Parmesan, gerieben (zum Bestreuen der fertigen Nocken)

Nährwertangaben pro 100 g

| | |
|---|---|
| E | 205 kcal |
| F | 14 g |
| KH | 12 g |
| EW | 8 g |
| Ba | 2 g |
| BE | 0,4 BE |

Beta-Karotin 1 mg
Vitamin C 70,3 mg
reich an Beta-Karotin und Vitamin C

Tomaten-Rucola-Ragout:
Tomaten blanchieren, häuten, aufschneiden, das Fruchtfleisch würfelig schneiden.
Olivenöl erhitzen, Tomatenstücke darin anbraten, salzen und zusammen mit Rucola etwa 5 Minuten dünsten.

Tomaten-Rucola-Ragout
6 Stück mittelgroße Tomaten
1 Bund Rucola
2 EL Olivenöl
Salz

Nährwertangaben pro 100 g E 72 kcal

| | |
|---|---|
| F | 7 g |
| KH | 2 g |
| EW | 1 g |
| Ba | 1 g |
| BE | 0,1 BE |

Vitamin C 14 mg
reich an Vitamin C

BRENNNESSEL

FRÜHLING

# Brennnessel-Spinat

750 g Brennnesselblätter
etwa 1/2 l kalte Gemüse- oder Hühnersuppe
1 Zwiebel
1 EL Mehl, glatt
25 g Butter
Salz
Pfeffer
Muskatnuss
1/8 l Obers (Sahne)
3 EL Sauerrahm

Brennnesselblätter blanchieren und grob hacken, Zwiebel schälen und fein schneiden.
Butter zerlassen und Zwiebel darin andünsten, mit Mehl stauben und mit etwas kalter Suppe aufgießen, gut durchrühren und leicht verkochen lassen.
Zerkleinerte Blätter zufügen und gut durchmischen.
Restliche Suppe zugießen, gut durchrühren, Salz, Pfeffer und Muskatnuss zufügen.
Etwa 20 Minuten kochen, die Flüssigkeit soll sämig werden.
Anschließend Obers und Sauerrahm gut mischen, zugießen und nochmals aufkochen lassen.
Eventuell nachsalzen, heiß servieren.

Dazu passen am besten heurige Butterkartoffeln oder Rösti und eventuell ein Spiegelei. Ein aparter Rosé oder ein leichter Roter machen dieses Essen zu einem gesunden Festmahl, das gänzlich ohne Fleisch auskommt.

Variationen:

Gierschspinat: 750 g Gierschblätter
Bärlauchspinat: 750 g Bärlauchblätter
Brennnessel und Taubnessel: 400 g Brennnesselblätter und 350 g Taubnesselblätter
Wildspinat: 250 g Brennnesselblätter, 250 g Taubnesselblätter, 200 g Bärlauchblätter

Von den Variationen sind die Mischungen verschiedener Wildspinate besonders interessant. Für sie alle gilt, dass die Brennnesselblätter vor dem Zerkleinern immer blanchiert werden müssen, um Hautirritationen zu vermeiden. Die Blätter der anderen Wildspinatpflanzen müssen nur gewaschen und grob gehackt werden.

Nährwertangaben pro 100 g

| | |
|---|---|
| E | 72 kcal |
| F | 5 g |
| KH | 4 g |
| EW | 3 g |
| Ba | 2,5 g |
| BE | 0,3 BE |

Beta-Karotin 1,5 mg
Vitamin C 93 mg
reich an Beta-Karotin und Vitamin C

BRENNNESSEL

FRÜHLING

# Suppenpulver

Variante 1

2 Hand voll Triebspitzen von der Brennnessel, ca. 10 cm lang

Variante 2

1 1/2 Hand voll Triebspitzen von der Brennnessel, ca. 10 cm lang

1/2 Hand voll Triebspitzen von der blühenden Taubnessel, ca. 10 cm lang

Triebspitzen bündeln und verkehrt an einem luftigen Ort (nicht in der prallen Sonne) aufhängen, 2 Wochen trocknen lassen.
Blätter und Blüten (Taubnessel) gut von den Stielen abreiben und mit den Fingern zerkleinern.
Das Pulver in gut verschließbare Gläser füllen.

Dieses Suppenpulver ist eine herrliche Alternative zu herkömmlichen Produkten aus dem Supermarkt. Es verleiht klaren und gebundenen Gemüsesuppen ein unvergleichliches Aroma und eine schöne Farbe.

# Kalte Tomatensuppe mit Dost

DOST (OREGANO)

SOMMER

500 g reife Tomaten
1 kleine Zwiebel
100 g Karotten
etwa 3/4 l Gemüsebrühe
3 EL Olivenöl
Salz
2 Zweige blühenden Dost (ersatzweise anderen Oregano, eventuell auch getrocknet)

Garnitur
100 g Baby-Mozarella
2 Scheiben Toastbrot, entrindet
etwas Butter
Dost-Blüten

Tomaten blanchieren, häuten und in kleine Stücke schneiden.
Zwiebel schälen und fein hacken.
Karotten schälen und klein schneiden.
Olivenöl erhitzen und Zwiebel darin andünsten.
Tomaten- und Karottenstücke zufügen, salzen, kurz durchrösten und mit der Suppe aufgießen.
Etwa 30 Minuten weich kochen und anschließend pürieren.
Blättchen vom Dost abrebeln, grob hacken und in die noch heiße Suppe rühren.
Etwa 1 Stunde kalt stellen.
Mit gerösteten Weißbrotwürfeln, Baby-Mozarella und Dost-Blüten garniert servieren.

Nährwertangaben pro 100 g

| | |
|---|---|
| E | 65 kcal |
| F | 4 g |
| KH | 4 g |
| EW | 2 g |
| Ba | 1 g |
| BE | 0,4 BE |

# Kürbis-Gratin mit Dost

DOST (OREGANO)

SOMMER

600 g Kürbis (gelbfleischige, süße Sorte guter Qualität, etwa Butternut, Buttercup oder Banana)
4 Knoblauchzehen
1 Stange Lauch
reichlich frisch zerkleinerter Dost
200 g Schafkäse
etwas Olivenöl
Salz
Fett für die Gratinierform

Gratinierform leicht einfetten.
Backrohr auf 200 °C vorheizen.
Lauch waschen und in gefällige, nicht zu große Stücke schneiden.
In einer Pfanne etwas Olivenöl erhitzen, Lauch darin kurz andünsten und leicht salzen.
Knoblauch schälen.
Kürbis schälen und in 2 cm große Würfel schneiden, gut mit Dost und durch die Knoblauchpresse gedrücktem Knoblauch würzen, leicht salzen und zusammen mit dem Lauch in die Gratinierform füllen.
Schafkäse ebenfalls in Würfel schneiden und über das Gemüse verteilen.
Im Backrohr bei 200 °C ca. 20 Minuten gratinieren.

Zusammen mit Weißbrot und einem Gläschen Rotwein, etwa einem Blauen Burgunder, ergibt dieses Gratin eine leichte und gesunde Mahlzeit. Sowohl der Kürbis wie auch Lauch, Knoblauch und der Dost, ja selbst der Rotwein enthalten wertvolle Schutzstoffe gegen Zellalterungsprozesse, Krebsentstehung und Arteriosklerose.

Nährwertangaben pro 100 g

| | |
|---|---|
| E | 87 kcal |
| F | 6 g |
| KH | 4 g |
| EW | 5 g |
| Ba | unter 1 g |
| BE | 0,3 BE |

Beta-Karotin 1 mg
reich an Beta-Karotin

GÄNSEBLÜMCHEN

FRÜHLING

# Frühlingsblütensüppchen

1 l klare Gemüsesuppe
1 Zwiebel
25 g Butter
250 g gemischte Wildkräuter folgender Zusammensetzung:
1 Hand voll Brennnesselblätter
1 Hand voll Taubnesselblätter
15 Blätter vom Gänseblümchen
10 Blätter vom Gundermann
10 Blätter vom Veilchen
10 Blätter von der Schafgarbe
5 Blätter von der Pfeilkresse
5 Löwenzahnblätter
2 EL Sauerrahm
1/8 l Obers (Sahne)
Salz
Weißer Pfeffer
Muskatnuss

Garnitur
Einige Blüten von Taubnessel, Gänseblümchen und Veilchen.

Zwiebel schälen und klein schneiden.
Butter zerlassen und Zwiebel darin anrösten.
Kräuter waschen und grob hacken, zu den Zwiebeln hinzufügen.
Mit Suppe aufgießen, Salz, Weißen Pfeffer und Muskatnuss zufügen, etwa 15-20 Minuten kochen lassen, anschließend pürieren.
Obers mit dem Sauerrahm gut abmischen und zufügen.
Nochmals aufkochen lassen und mit Salz abschmecken.
In Suppentassen füllen und mit den Blüten bestreut servieren.

Diese grüne Suppe schmeckt nicht nur köstlich, sie sieht in ihrem Blütenkleid auch besonders hübsch aus.

Dekor aus Blütenköpfchen: Die hübschen Köpfchen vom Gänseblümchen sind eine schmackhafte und reizvolle Dekoration für Blattsalate, Wildspinate und Saucen (etwa Kerbelsauce).

Nährwertangaben pro 100 g

| | |
|---|---|
| E | 60 kcal |
| F | 4 g |
| KH | 4 g |
| EW | 2 g |
| Ba | 1 g |
| BE | 0,3 BE |

Beta-Karotin 1 mg
Vitamin C 17 mg
reich an Beta-Karotin und Vitamin C

# Weißes Schokolademousse mit Marillenschaum

GÄNSEBLÜMCHEN

FRÜHLING

Schokolade in kleinere Stücke brechen und in einem kleinen Gefäß über Wasserdampf schmelzen.
Eier trennen.
Dotter mit der Hälfte des Feinkristallzuckers in einem Schneekessel über Dampf schaumig schlagen und flüssige Schokolade sowie 2 EL Marillen-Likör zufügen.
Klar mit dem restlichen Zucker steif schlagen und unter die überkühlte weiße Schokolade-Masse ziehen.
Obers steif schlagen und unter die Schoko-Masse ziehen.
In ein gut verschließbares Gefäß füllen und im Kühlschrank 3 Stunden lang erstarren lassen.
Mit zwei Esslöffeln große Nocken ausstechen und auf bezuckerte Dessert-Teller legen.
Mit einer Pinzette einzelne kleine Blüten der Rossminze sowie die weißen Randblüten des Gänseblümchens auszupfen und über die Nocken streuen.

Marillen(Aprikosen)schaum:
Zutaten mischen, erhitzen (nicht kochen) und mit dem Pürierstab aufschäumen.

300 g weiße Schokolade
50 g Feinkristallzucker
1/2 l Obers (Sahne)
4 Eier
2 EL Marillen(Aprikosen)-Likör

Marillen(Aprikosen)schaum
3 EL Marillen(Aprikosen)-Marmelade
etwas Marillen(Aprikosen)-Likör
Wasser nach Bedarf

Zum Bestreuen
4 Blütentriebe der Rossminze
4 Blütenköpfchen vom Gänseblümchen

Nährwertangaben pro 100 g

| | |
|---|---|
| E | 333 kcal |
| F | 24 g |
| KH | 25 g |
| EW | 5 g |
| Ba | unter 1 g |
| BE | 2 BE |

GÄNSEFUSS

SOMMER

# Wildspinat-Gnocchi gratiniert

Wildspinat-Masse
250 g Rau-Amarant
250 g Weißer Gänsefuß (Wahlweise 500g Guter Heinrich oder Brennesselblätter)
50 g Butter
100 g Vollkorn-Semmelbrösel (Paniermehl)
100 g Weizengrieß
1/8 l Obers (Sahne)
3 Eier
5 gehäufte EL Mehl, glatt
Salz
Muskatnuss
Weißer Pfeffer

Butter für die Gratinierform
60 g Butter für Butterflocken
100 g Parmesan, gerieben

Rau-Amarant und Weißen Gänsefuß waschen und etwa 5 Minuten lang blanchieren.
Abseihen, abschrecken und kräftig mit beiden Händen ausdrücken, fein hacken.
Butter schmelzen und gehackten Wildspinat zufügen, salzen, pfeffern und mit Muskatnuss würzen.
Andünsten und die Hälfte des Obers zugeben.
Unter ständigem Rühren reduzieren, die Mischung etwa 5 Minuten dünsten lassen. Die Masse soll keinesfalls mehr flüssig sein.
Wildspinat pürieren und erkalten lassen.
Restliches Obers mit den Eiern versprudeln, mit Salz und Muskatnuss sparsam würzen, mit der Schneerute unter die Wildspinatmasse rühren.
Vollkorn-Brösel, Weizengrieß und Mehl untermengen und eventuell nachwürzen.
Masse etwa 10 Minuten ziehen lassen.
Sollte sie dann noch zu weich sein, 1 EL Vollkorn-Brösel und 1 EL Mehl, bei Bedarf auch etwas mehr, zufügen. Die Masse soll formbar sein.
Auf einem bemehlten Brett aus der Gnocchi-Masse 2 Rollen formen, mit einem Messer gleich große Stücke abschneiden, mit bemehlten Händen kleine Knödel von etwa 2 cm Durchmesser formen.
Die Gnocchi etwa 15 Minuten lang in Salzwasser mehr sieden als kochen, mit einem Seihschöpfer herausheben und abtropfen lassen.

Fertigstellung:
Backrohr auf 200 °C vorheizen.
Gratinierform bebuttern und Gnocchi hineinsetzen, mit Butterflocken belegen, mit geriebenem Parmesan bestreuen und bei 200 °C goldbraun überbacken.

Zu diesem schmackhaften Gericht passt am besten grüner Salat. Ein spritziger Rosé oder ein rescher Weißwein sind die idealen Begleiter.

Nährwertangaben pro 100 g

| | |
|---|---|
| E | 191 kcal |
| F | 15 g |
| KH | 8 g |
| EW | 7 g |
| Ba | 2 g |
| BE | 0,6 BE |

Vitamin C 86 mg
reich an Vitamin C

GÄNSEFUSS

SOMMER

# Lasagne mit Wildspinat

Für die Wildspinat-Masse Blätter vom Rau-Amarant und vom Weißen Gänsefuß waschen, blanchieren, abseihen, kalt abschrecken und gut ausdrücken, anschließend fein schneiden. Die inneren, zarten und hellen Kohlblätter waschen, nudelig schneiden, ebenfalls blanchieren.
Toastbrot entrinden, Schmolle in kleine Stücke zerpflücken, mit etwas Milch befeuchten, kurz durchziehen lassen.
Schafkäse zerbröckeln und gut mit dem Toastbrot, dem fein zerkleinerten Wildspinat, Salz und gehacktem Dost verkneten. Grieß zufügen.
Für das Fleisch-Sugo Zwiebel schälen und fein schneiden. Olivenöl erhitzen, Zwiebel darin anrösten und Faschiertes zufügen, würzen und gut durchrösten. Tomaten zugeben und alles so lange kochen lassen, bis der Saft weitgehend eingezogen ist.
Für die Béchamel Butter schmelzen und Mehl unter ständigem Rühren zufügen. Mit kalter Milch aufgießen und unter kräftigem Rühren aufkochen lassen, sodass eine sämige Sauce entsteht. Mit Salz und Muskatnuss würzen.
Eine hohe Auflaufform von etwa 1,5 l Inhalt gut einfetten. Den Boden mit einer Schicht Béchamel bedecken, darüber eine Schicht Lasagneblätter legen. Diese mit Fleisch-Sugo bedecken und darüber Béchamel und Parmesan geben. Lasagneblätter darüber breiten, darauf die Hälfte der Wildspinat-Masse verteilen. Den blanchierten Kohl in die Mitte geben und die zweite Hälfte der Wildspinat-Masse darüber verteilen, mit Béchamel und Parmesan bedecken. Eine weitere Schicht Lasagneblätter auflegen und mit Sugo, Béchamel und geriebenem Parmesan bedecken. Mit Lasagneblättern, Béchamel und Parmesan schließen.
15 Minuten rasten lassen und das Backrohr auf 180 °C vorheizen. Lasagne ca. 45 Minuten lang backen.

Die Wildspinat-Lasagne hat in einem kräftigen Rotwein ihren idealen Begleiter. Sie eignet sich (am besten im erkalteten Zustand vorportioniert) auch hervorragend zum Einfrieren.

für 4-6 Personen

**Wildspinat-Masse**
300 g Blätter vom Rau-Amarant
100 g Blätter vom Weißen Gänsefuß
100 g Kohl (Wirsing), nur innere helle Blätter (etwa 3 Blätter)
200 g Schafkäse
1 Scheibe Toastbrot
etwas Milch zum Befeuchten
Salz
2 EL Dost, frisch oder getrocknet
1 EL Grieß

**Fleisch-Sugo**
400 g Faschiertes (Hackfleisch), halb Schwein, halb Rind
1 mittlere Zwiebel
1 Dose (240 g) geschälte Tomaten (Pelati)
3 Knoblauchzehen
1 EL Olivenöl
1 EL Herbes de Provence

**Béchamel**
50 g Butter
50 g Mehl, glatt
1/2 l Milch
Salz
Muskatnuss

1 Packung Lasagneblätter (Größe 250 g, etwa die Hälfte davon wird benötigt)
150 g Parmesan, gerieben

**Nährwertangaben pro 100 g**

| | |
|---|---|
| E | 147 kcal |
| F | 10 g |
| KH | 5 g |
| EW | 10 g |
| Ba | unter 1 g |
| BE | 0,4 BE |

# Sexstärke – die Sechskräutersuppe

GIERSCH

FRÜHLING

*Die moderne Variante der nostalgischen Kräutersuppe (s. S. 114) enthält anstelle von neun Kräutern nur sechs, die es aber in sich haben. Die sauren Kräuter des Originals ersetzt hier ein Schuss Aceto balsamico.*

250 g gemischte Wildkräuter in folgender Zusammensetzung:
1 Hand voll Gierschblätter
1/2 Hand voll Taubnessel
1/4 Hand voll Schafgarbe
1/4 Hand voll Löwenzahn
20 Blätter vom Gänseblümchen
1 l Hühnersuppe
1 kleine Zwiebel
20 g Butter
1/8 l Obers (Sahne)
Aceto balsamico
Salz
Pfeffer
etwa 20 Blütenköpfchen vom Gänseblümchen zur Garnitur

Zwiebel klein schneiden und in Butter andünsten.
Fein geschnittene Kräuter dazugeben und kurz dünsten.
Mit Suppe aufgießen und etwa 20 Minuten kochen.
Mit Salz, Pfeffer und Aceto balsamico abschmecken.
Mit Obers verfeinern.
Mit den Blütenköpfchen der Gänseblümchen bestreut servieren.

Wer fest daran glaubt, wird die fulminante Wirkung alsbald spüren!

Nährwertangaben pro 100 g

| | | |
|---|---|---|
| E | | 45 kcal |
| F | | 4 g |
| KH | | 1 g |
| EW | | 1 g |
| Ba | unter | 1 g |
| BE | | 0,1 BE |

# Die Neunstärke

**ZUSAMMENSETZUNG:**

*Aegopodium podagraria* Giersch
*Taraxacum officinale* Löwenzahn
*Lamium spp.* Taubnessel
*Urtica dioica* Brennnessel
*Achillea millefolium* Schafgarbe
*Rumex acetosa* Sauerampfer
*Oxalis acetosella* Sauerklee
*Sedum reflexum* Tripmadam
*Bellis perennis* Gänseblümchen

Die so genannte „Neunstärke" oder „Grüne Suppe", wurde vor allem am Gründonnerstag gerne gegessen. Sie war früher beim einfachen Volk weit verbreitet und besteht ausschließlich aus Wildkräutern. Sie enthält in erster Linie den gemüseartigen, mild-aromatischen Giersch, der besonders reich an Vitamin C ist, doch wurden dieser Suppe sowohl bittere Kräuter (wie der Löwenzahn) als auch säuerliche (wie der Sauerampfer und der Sauerklee) beigegeben. Man hackte die Kräuter möglichst fein und stellte aus ihnen – zusammen mit Rindfleisch, Speck oder Mettwurst, Hafergrütze oder Mehl – eine sättigende Suppe her.

Auch von Alexander von Humboldt ist das Rezept einer Kräutersuppe aus dem Jahr 1846 überliefert, das die „bürgerliche" Variante der Neunstärke darstellt und etwas anders zusammengesetzt ist.

Die Frühlingskräuter mit ihren Scharf- und Bitterstoffen waren früher auch für Frühjahrskuren beliebt, deren Sinn ein Entschlacken oder Purgieren war. Darunter verstand man eine innere Reinigung des Körpers. Man versprach sich von den Pflanzenkuren eine Umstimmung des gesamten Stoffwechsels und eine Anregung für die Bildung von Magensaft, Galle und Harn. Dazu wurde vor allem der Löwenzahn verwendet, der, wie man heute weiß, die Magensaft- und Gallenproduktion sowie die Harnausscheidung anregt.

# Alexander von Humboldts KRÄUTERSUPPE

**ZU GLEICHEN TEILEN:**

*Achillea millefolium* Schafgarbe
*Sanguisorba minor* Kleiner Wiesenknopf
*Rumex acetosa* Sauerampfer
*Sedum reflexum* Tripmadam
*Bellis perennis* Gänseblümchen
*Glechoma hederacea* Gundermann
*Nasturtium officinale* Brunnenkresse
*Lepidium sativum* Gartenkresse
*Galium odoratum* Waldmeister
*Portulaca oleracea* Portulak
*Anthriscus cerefolium* Kerbel

Diese Kräutersuppe enthält sowohl Wild- als auch Gartenkräuter (Gartenkresse und Portulak). Erntezeitpunkt: etwa Mitte April bis Anfang Mai, solange man den Kerbel noch in guter Qualität, das heißt nicht fruchtend und gelblaubig, finden kann.

# Giersch-Auflauf

FRÜHLING

für 4-6 Personen
750 g Gierschblätter
1 große Zwiebel
100 g Schinken
1 EL Semmelbrösel (Paniermehl)
2 Eier
1/8 Milch
1/8 l Obers (Sahne)
1 EL Mehl, glatt
Salz
Weißer Pfeffer
Muskatnuss
1 TL Salsa picante oder Tabasco-Sauce
60 g Butter für Butterflocken
100 g Emmentaler oder Gouda in Scheiben
Fett für die Auflaufform

Backrohr auf 220 °C vorheizen.
Gierschblätter waschen und grobe Stiele entfernen.
Gierschblätter kurz blanchieren, anschließend fein hacken und in eine Schüssel geben.
Zwiebel schälen und fein schneiden.
Schinken feinwürfelig schneiden.
Butter zerlassen und Zwiebel zusammen mit Schinken darin andünsten.
Zur Gierschmasse geben und 1 EL Semmelbrösel zufügen.
Eier trennen.
Milch und Obers mischen.
Dotter mit Mehl und Obers-Milch-Mischung gut vermengen, mit Salz, Muskatnuss, Weißem Pfeffer und Salsa picante oder Tabasco-Sauce würzen, gut mischen und in die Gierschmasse einrühren.
Eiklar mit Prise Salz zu steifem Schnee schlagen und vorsichtig unter die Gierschmasse heben.
Auflaufform fetten, Gierschmasse einfüllen, mit den Käsescheiben belegen und mit Butterflocken besetzen.
Im vorgeheizten Backrohr bei 180 °C etwa 40 Minuten backen. Während der ersten Hälfte des Backvorganges mit Alufolie abdecken.

Zu diesem herzhaften Auflauf passt entweder ein Rosé oder ein kräftiger Weißwein, etwa ein Chardonnay.

Puristen können den Schinken weglassen.

## Giersch als Salat

Junge Blätter vom Giersch können auch roh gegessen werden. Sie sind eine besonders raffinierte Beigabe zu gemischten Blattsalaten.

Nährwertangaben pro 100 g

| | |
|---|---|
| E | 151 kcal |
| F | 10 g |
| KH | 5 g |
| EW | 10 g |
| Ba | 3 g |
| BE | 0,4 BE |

Vitamin C 74 mg
reich an Vitamin C

GUNDERMANN

FRÜHLING

# Italienische Frühlingskräutersuppe

1 l kräftige Hühnersuppe
250 g gemischte Wildkräuter in folgender Zusammensetzung:
2 Hand voll Brennnesselblätter
1 Hand voll Taubnesselblätter
10 Blätter Schafgarbe
10 Blätter Gundermann
1 Zwiebel
1 mittlere Tomate
2 Knoblauchzehen
3 EL Olivenöl
Salz
Weißer Pfeffer

Brennnesseln blanchieren und anschließend grob hacken. Taubnesseln, Schafgarbe und Gundermann waschen und klein schneiden.
Zwiebel schälen und klein schneiden, Knoblauch schälen.
Tomate blanchieren, häuten und Inneres samt Kernen entfernen, Rest in Streifen schneiden.
Olivenöl erhitzen sowie Zwiebel und Knoblauch aus der Knoblauchpresse darin anrösten.
Alle Zutaten mit Ausnahme der Tomatenstreifen zufügen und mit Suppe aufgießen, Salz und Weißen Pfeffer zufügen und etwa 10 Minuten kochen.
Die Tomatenstreifen zufügen und nochmals 5-8 Minuten kochen.
Eventuell nachsalzen und sehr heiß servieren.

Diese kräftige Suppe ist Ausdruck meiner Leidenschaft für die italienische Küche. Sie ist farblich und auch geschmacklich besonders harmonisch.

Nährwertangaben pro 100 g

| | | |
|---|---|---|
| E | | 32 kcal |
| F | | 3 g |
| KH | unter | 1 g |
| EW | unter | 1 g |
| Ba | unter | 1 g |
| BE | | 0,06 BE |

GUNDERMANN

FRÜHLING

# Wildkräuternudeln

Wildkräuter waschen, blanchieren, abseihen, kalt abspülen, gut ausdrücken und fein hacken.
Mehl auf ein Brett sieben, Mulde machen und alle anderen Zutaten in diese Mulde geben.
Mit einem großen Messer von innen nach außen verarbeiten und portionsweise Wasser zugeben, sodass ein mittelfester Nudelteig entsteht.
Etwa 20 Minuten fest kneten und danach zugedeckt 1 Stunde ruhen lassen.
Teig auswalken und Nudeln schneiden oder mit einer Nudelmaschine auswalken und mit Stärke 5 Bandnudeln schneiden.
In reichlich Salzwasser bissfest kochen, abseihen, mit Olivenöl mischen, mit Parmesan bestreuen und gemeinsam mit Wildhopfen auf vorgewärmten Tellern servieren.
Harmoniert besonders mit gegrilltem Fisch und Lachskaviar.

450 g Weizenmehl (glatt)
50 g Goldgrieß (Hartweizengrieß)
3 Dotter
4 ganze Eier
1 TL Salz
200 g gemischte Wildkräuter blanchiert und fein gehackt, z. B.:
Gundermann, Brennnessel, Taubnessel, Giersch
1 EL Olivenöl
1 EL Wasser

Garnitur
50 g Hopfentriebe (Rezept s. S. 132)
2 EL Olivenöl
50 g Parmesan zum Bestreuen

Nährwertangaben pro 100 g

| | |
|---|---|
| E | 154 kcal |
| F | 9 g |
| KH | 10 g |
| EW | 7 g |
| Ba | 2 g |
| BE | 0,8 BE |

# Kräutersalz

GUNDERMANN

FRÜHLING

1 Hand voll Triebspitzen von der Brennnessel, etwa 10 cm lang
1 Hand voll Schafgarbenblätter
10 Triebe blühender Gundermann, etwa 5 cm lang
4-5 EL Speisesalz

Kräuter getrennt bündeln und etwa 2 Wochen trocknen. verkehrt an einem luftigen, warmen Ort, jedoch nicht in der prallen Sonne.
Blätter von den Stielen durch kräftiges Reiben mit beiden Händen trennen.
Alle Kräuter fein reiben (eventuell auch im Mixer zerkleinern) und mit dem Speisesalz mischen.
In gut verschließbare Glaser füllen und trocken lagern.

Dieses Kräutersalz eignet sich für Suppen, Salat-Marinaden und als Gewürz für Aufstriche aus Topfen (Quark) oder Frischkäse.

GUTER HEINRICH

SOMMER

# Wildspinat-Suppe mit Gutem Heinrich

2 Hand voll Blätter vom Guten Heinrich
1 kleine Zwiebel
20 g Butter
1 l Gemüsesuppe
1/8 l Obers (Sahne)
1/8 l Sauerrahm
Salz
Weißer Pfeffer
Muskatnuss

Garnitur
3 Scheiben Toastbrot
60 g Butter

Blätter von den Stielen befreien und etwa 5 Minuten blanchieren, abseihen, kalt abschrecken, kräftig ausdrücken und fein hacken.
Zwiebel fein hacken.
Butter schmelzen und Zwiebel darin andünsten.
Gehackten Wildspinat zufügen, würzen und mit der Suppe aufgießen.
Weich kochen und anschließend pürieren.
Obers und Sauerrahm mischen und zufügen, nochmals kurz aufkochen lassen.
Mit gebräunten Brotwürfeln garniert servieren.

Garnitur
Weißbrot würfelig schneiden, in zerlassener Butter bräunen.

Dieses leicht herbe Süppchen kann auch mit Kultur-Spinat zubereitet werden, ist dann aber weniger interessant.

Nährwertangaben pro 100 g

| | |
|---|---|
| E | 102 kcal |
| F | 8 g |
| KH | 5 g |
| EW | 2 g |
| Ba | 1 g |
| BE | 0,4 BE |

Vitamin C 30 mg
reich an Vitamin C

# Hagebutten-Suppe mit Apfelstückchen

HECKENROSE, HAGEBUTTEN

HERBST

6 Portionen

500 g Hagebutten (Roheinwage)
120 g Kristallzucker

500 g Äpfel
Prise Zitronensäure
8 EL Kristallzucker
1/8 l Weißwein
1/8 l Wasser

Hagebutten waschen und in einem Geschirrtuch gut abrubbeln, um die schwarzen Blütenreste an der Frucht zu entfernen.
Hagebutten in einem weiten Topf (ø 24 cm) mit Wasser bedeckt weich kochen (je nach Weichegrad der Hagebutten 30-45 Minuten), bei Bedarf Wasser zugeben!
Hagebutten mittels Holzschwämmchen durch ein Passiersieb drücken. Dies geht anfänglich schwer, und es bleibt relativ viel Rückstand.
Rückstand mit Wasser versetzen, sodass ein nicht zu dicker Brei entsteht, und diesen unter ständigem Rühren 10 Minuten kochen, dabei eventuell noch Wasser zugeben, falls zu viel verdunstet.
Brei durch das Passiersieb streichen, den Rückstand nochmals mit Wasser versetzt unter Rühren 5 Minuten aufkochen und ein letztes Mal passieren. Diesen Rückstand verwerfen.
Hagebutten-Mus mit 120 g Kristallzucker versetzen und leicht erwärmen, das Apfel-Mus und die Apfelstückchen zufügen und warm oder kalt servieren.

Apfel-Mus und Apfelstückchen
Äpfel schälen und in gefällige Stückchen schneiden. Mit einer Prise Zitronensäure vermischen (Farberhaltung!).
Apfelstückchen mit 1/8 l Weißwein, 1/8 l Wasser und 8 EL Kristallzucker bissfest kochen.
Die Hälfte der Apfelstückchen herausheben, abtropfen lassen und beiseite stellen.
Die restlichen Apfelstückchen ca. 5 Minuten länger kochen und danach pürieren.

---

Variante mit Holunderfrüchten: Anstelle der Hagebutten verwendet man 500 g reife, schwarze Holunderfrüchte. Der Passiervorgang muss nur einmal stattfinden, sonst ist das Verfahren dasselbe.

---

Nährwertangaben pro 100 g

| | |
|---|---|
| E | 117 kcal |
| F unter | 1 g |
| KH | 26 g |
| EW | 1 g |
| Ba | 3 g |
| BE | 2 BE |

Vitamin C 426 mg
reich an Vitamin C

HECKENROSE, HAGEBUTTEN

SPÄTFRÜHLING

# Rosenzucker für Rosenkuchen

*Die duftenden Blüten der Heckenrose kann man trocknen und aus ihnen Tee oder Rosenzucker herstellen. Aus den Rosenblüten lässt sich auch ein wohlschmeckender Tee herstellen, er wirkt beruhigend und stimmungsaufhellend.*

5 g getrocknete Rosenblüten
150 g feiner Kristallzucker

Rosenzucker für Rosenkuchen (Rezept s. S.127)
Getrocknete Blüten fein zerkleinern und mit dem Zucker mischen. In ein gut verschließbares Glas füllen. Dies sieht sehr hübsch aus und ist auch ein nettes Geschenk.

## Blütenzucker-Varianten aus getrockneten Blüten

Anstelle der Rosenblüten kann man getrocknete Holunderblüten, Minzblüten (samt einigen Blättern) oder Veilchenblüten nehmen. Zubereitung wie Rosenzucker.
Holunderzucker für Holunderkuchen (s. S. 127)
Minzzucker für Schoko-Minzkuchen (s. S. 126).
Veilchenzucker für Veilchenkuchen (s. S.127) zum Bestreuen von Desserts, als Dekor.

Nährwertangabe
1 EL (12 g) 45 kcal
BE 1 BE

# Green Cake

HOLUNDER

FRÜHLING BIS SOMMER

Gugelhupf-Form einfetten, mit Semmelbröseln ausstreuen. Zitronenschale in eine Schüssel reiben. Holunderblüten mit der Schere von den groben Stielen abschneiden und mit der Zitronenschale vermengen.
In einer zweiten Schüssel den Saft der Zitrone mit sehr fein gehackter Zitronenmelisse vermengen. Ingwer schälen und durch eine Knoblauchpresse in das Zitronenmelisse-Zitronen-Gemisch drücken. Zugedeckt 10 Minuten ziehen lassen.

**Teig**
Mehl mit Weinstein-Backpulver versieben, Salz zufügen. Margarine (oder Butter) mit Zucker schaumig rühren und die 5 Dotter zufügen.
Den Saft des Zitronenmelisse-Zitronen-Gemisches durch ein Sieb in den Teig gießen und gut mit dem Dotter-Abtrieb vermischen. Orangenlikör hinzufügen.
Mehl und Mineralwasser abwechselnd zufügen und zu einem mittelschweren (keinesfalls zu flüssigen) Teig verarbeiten. Holunderblüten und Zitronenschale untermengen.
Klar mit Kristallzucker zu steifem Schnee schlagen und vorsichtig unter den Teig ziehen.
In die vorbereitete Gugelhupf-Form füllen und im vorgeheizten Backrohr (mittlere Schiene) bei 180 °C 45 Minuten backen.
Aus der Form stürzen und abkühlen lassen und mit Zucker bestreut servieren.

1 Hand voll Zitronenmelisse, frisch
1 ungespritzte Zitrone (Saft und Schale)
1 haselnussgroßes Stück Ingwer, frisch
8 Holunderdolden (Blüten)

Teig
300 g Mehl, glatt
200 g Staubzucker
250 g Butter oder Margarine
5 Eier, getrennt
2 EL Kristallzucker
1/16 l Orangen-Likör (z. B. Curaçao)
1 Päckchen Weinstein-Backpulver
Prise Salz
Mineralwasser nach Bedarf
Fett und Semmelbrösel (Paniermehl) für die Gugelhupf-(Napfkuchen-)Form

## Schoko-Minzkuchen

Teig wie oben plus 1 Päckchen Vanillezucker, 50 g Kakao (2 EL), 2 EL Minzzucker (s. S. 124) anstelle der 2 EL Kristallzucker. Alle trockenen Zutaten mit Ausnahme von Minzzucker mit dem Mehl mischen, abwechselnd mit Orangenlikör und Mineralwasser unter den Dotterabtrieb mengen, Klar mit Minzzucker ausschlagen und unterheben.

Nährwertangaben pro 100 g

| | | |
|---|---|---|
| E | | 290 kcal |
| F | | 19 g |
| KH | | 24 g |
| EW | | 4 g |
| Ba | unter | 1 g |
| BE | | 2 BE |

FRÜHLING BIS SOMMER

# Holunder-Kuchen

250 g Mehl, griffig
250 g Mehl, glatt
1 Würfel frische Germ (Hefe) oder
1 Päckchen Trockengerm
120 g Butter
120 g Zucker
1/8 l Weißwein
6 mittelgroße Dolden Holunderblüten
1/16 l Milch
2 Dotter
Prise Salz
Mineralwasser nach Bedarf

Trockengerm gemäß Vorschrift auf der Packung ansetzen oder Teig mit frischer Germ wie folgt zubereiten:
Germ zu einem Dampfl (Vorteig) ansetzen und gehen lassen.
Weißwein und entstielte Holunderblüten in eine Schüssel geben.
Butter schmelzen und abkühlen lassen.
Alle Zutaten zum Dampfl geben, einen mittelfesten Germteig bereiten und diesen 1 Stunde gehen lassen.
Eine Kastenform einfetten, Teig einfüllen und nochmals ca. 30 Minuten gehen lassen.
Bei 180 °C ca. 35-40 Minuten backen. Aus der Form nehmen und auskühlen lassen.
Mit einer Mischung aus Staub- und Vanillezucker bestreuen und am besten frisch genießen.

## Wintervariante

Den Teig mit Holunderzucker (s. S. 124) herstellen, dafür nimmt man anstelle von 120 g Zucker 60 g Holunderzucker und 60 g Staubzucker.

## Varianten

Rosenkuchen: 60 g Rosenzucker (s. S. 124) und 60 g Staubzucker sowie 1/8 l Rosenwasser (anstelle von Weißwein).
Veilchenkuchen: 60 g Veilchenzucker (s. S. 124) und 60 g Staubzucker, alles andere bleibt gleich.

Nährwertangaben pro 100 g

| | |
|---|---|
| E | 195 kcal |
| F | 11 g |
| KH | 22 g |
| EW | 3 g |
| Ba | 1 g |
| BE | 2 BE |

# Erdbeer-Bowle mit Holunderblüten

HOLUNDER

FRÜHLING BIS SOMMER

0,7 l Weißwein
150 g süße Erdbeeren
2 Blütendolden vom Schwarzen Holunder
4 EL Feinkristallzucker
nach Geschmack eventuell 1 Päckchen Vanillezucker

Erdbeeren waschen, putzen und klein schneiden.
In einer Schüssel mit dem Feinkristallzucker und nach Geschmack auch mit dem Vanillezucker mischen und 15 Minuten zugedeckt ziehen lassen (nicht im Kühlschrank!)
Gezuckerte Erdbeeren mit dem Weißwein gut durchmischen.
Die ganzen Blütendolden vom Schwarzen Holunder hinzufügen und alles zusammen zugedeckt 30 Minuten ziehen lassen (zunächst 15 Minuten bei Zimmertemperatur, danach im Kühlschrank).
Blütendolden vom Schwarzen Holunder herausnehmen, einzelne Blüten für die Garnitur mit einer Schere abschneiden und beiseite stellen.
Erdbeeren in Bowlegläsern verteilen und einzelne Holunderblüten zugeben.
Mit dem Weißwein auffüllen und entweder pur oder mit Mineralwasser gespritzt genießen.
Zum prickelnden Erlebnis wird diese hocharomatische Bowle, wenn man Sekt zufügt und die Holunderblüten nun mit den Sektperlen um die Wette tanzen.

Nährwertangaben pro 100 ml

| | |
|---|---|
| E | 84 kcal |
| KH | 7 g |
| BE | 0,6 BE |
| Alkohol | 7 g |

HOLUNDER

HERBST

# Pflaumen im Hollerbett

350 g Pflaumen
2 Stück Sternanis
3 EL Zucker
etwa 1/2 l Wasser
200 g reife Holunderfrüchte
etwa 1/2 l Wasser
3 EL Zucker
2 Stück Sternanis
2 Stangen Zimt, grob zerbrochen

Zur Vollendung
1/8 l Rotwein
Honig nach Geschmack
Prise gemahlener Zimt

Holler und Pflaumen getrennt zubereiten!
Hollerfrüchte waschen, abrebeln, mit den Gewürzen und dem Zucker in Wasser sehr weich kochen, durch ein Passiersieb drücken, sodass die Kerne zurückbleiben.
Passierten Holler mit Rotwein und eventuell Wasser verdünnen, mit Honig nachsüßen und beiseite stellen.
Pflaumen entsteinen und vierteln, in Wasser mit Zucker und Gewürzen weich kochen und aus dem Kochsud heben, etwas abtropfen lassen.

**Fertigstellung**
Gekochte Pflaumen und Holler-Mus in Dessertschalen füllen, mit etwas gemahlenem Zimt bestreut servieren.

Sammeltipp

1 mittelgroße, reife Holunderdolde liefert rund 40 g Früchte.

Nährwertangaben pro 100 g

| | | |
|---|---|---|
| E | | 41 kcal |
| F | unter | 1 g |
| KH | | 9 g |
| EW | unter | 1 g |
| Ba | unter | 1 g |
| BE | | 0,8 BE |

HOPFEN

HERBST

# Hopfen-Likör

**Ansatz**

Sherry mit Marsala mischen und in ein gut verschließbares, weithalsiges Glasgefäß (Fassungsvermögen 1,5 l) füllen. Mindestens 3 Wochen ziehen lassen.

**Vollendung**

Ansatz abseihen und Hopfenblüten verwerfen.
Wasser mit Kristallzucker aufkochen und 10 Minuten offen weiterkochen lassen, bis die Zuckerlösung auf etwa die Hälfte reduziert ist.
Zum Ansatz geben und mit Weinbrand vollenden, gut durchmischen und in Flaschen füllen.
Einen Tag ruhen lassen und dann genießen.

Ansatz

- 3/4 l Sherry Dry Manzanilla (17 Vol %)
- 1 Hand voll Hopfenblüten (Hopfenzapfen)
- 1/4 l Marsala (17 Vol %)

Vollendung

- 250 g Kristallzucker
- 1/2 l Wasser
- 1/8 l Weinbrand (Cognac)

Nährwertangaben pro 100 ml

| | |
|---|---|
| E | 115 kcal |
| KH | 15 g |
| EW | unter 1 g |
| BE | 1,2 BE |
| Alkohol | 8 g |

# Hopfensprosse

50 g Hopfentriebe (50 Triebe, etwa 10 cm lang)
etwa 80 g Butter

Hopfentriebe zu zehnt bündeln und mit Zwirn zusammenbinden.
Hopfensprosse in Salzwasser bissfest kochen.
Butter zerlassen, die Hopfensprosse auf vorgewärmte Teller verteilen und mit der zerlassenen Butter übergießen.

Zu dieser kleinen, aber besonderen Delikatesse, die den Charakter der Hopfensprosse unverfälscht wiedergibt, passen gebuttertes Toastbrot und ein spritziger Weißwein, etwa ein Rheinriesling, ein Veltliner oder ein Schweizer Müller-Thurgau.

Eine besondere Variante ist Wildhopfen an Wildkräuternudeln (Rezept s. S. 118)

Nährwertangaben pro 100 g

| | |
|---|---|
| E | 148 kcal |
| F | 6 g |
| KH unter | 1 g |
| EW unter | 1 g |
| Ba unter | 1 g |
| BE | 0,08 BE |

KERBEL

FRÜHLING

# Kerbel-Suppe

150 g junge Kerbeltriebe
(2 Hand voll, ca. 10 cm lang)
1 kleine Zwiebel
15 g Butter
1 l Hühnersuppe
1/8 l Obers (Sahne)
Salz
Weißer Pfeffer
Muskatnuss

Zwiebel fein hacken.
Butter zerlassen, Zwiebel darin dünsten, mit ¼ l Suppe aufgießen und weich kochen.
Kerbelblättchen von den gröberen Stielen trennen und mit der Kräuterwiege grob zerkleinern, zur weich gekochten Zwiebel geben, salzen, pfeffern und eine Prise Muskatnuss zugeben, eventuell noch Suppe zufügen.
Kurz (maximal 2 Minuten) kochen und anschließend mit Passierstab zerkleinern. Restliche Suppe zugeben und erhitzen.
Obers zufügen und mit dem Pürierstab nochmals aufschäumen, mit Kerbelblättchen verziert servieren.

Diese köstliche Suppe lebt vom feinen Anis-Aroma des Kerbels. Dieses ist jedoch empfindlich, deshalb ist es wichtig, diese Suppe erst knapp vor dem Servieren zuzubereiten. Man darf sie weder stehen lassen noch aufwärmen. Auch langes Kochen zerstört das sensible Aroma.

Nährwertangaben pro 100 g

| | | |
|---|---|---|
| E | | 53 kcal |
| F | | 5 g |
| KH | | 2 g |
| EW | | 1 g |
| Ba | unter | 1 g |
| BE | | 0,1 BE |

KERBEL

FRÜHLING

# Wildkräutersülzchen an Kerbel-Vinaigrette

Zutaten für
4 Metallförmchen (1/8 l)

Wildkräutersülzchen
1/4 l Weißwein
1/4 l Wasser
Salz
20 Safranfäden
8 Blatt Gelatine
20 g gemischte Wildkräuter bzw. Blätter von Schafgarbe, Kerbel, Gundermann
Blüten von Taubnessel, Goldnessel, Schafgarbe

Einlage
50 g Shrimps
Saft einer halben Limone
1 EL Olivenöl
Salz
Weißer Pfeffer

Kerbel-Vinaigrette:
1 hart gekochtes Ei
50 g (etwa 6 Stück) Cocktailtomaten
20 g Jungzwiebel
20 g Kerbel (nur die Blättchen, ohne grobe Stiele)
1 EL Olivenöl
3 TL Aceto balsamico
Salz
Pfeffer
10 EL Wasser

Nährwertangaben pro 100 g

| | |
|---|---|
| E | 55 kcal |
| F | 4 g |
| KH | unter 1 g |
| EW | 3 g |
| Ba | unter 1 g |
| BE | 0,06 BE |

Um Blüten und Blätter in der Sulz „in Schwebe" zu halten, muss man die Gelatine in 2 Etappen herstellen.
Safranfäden trocken zerreiben und in etwas gesalzenem Wasser-Weingemisch auflösen, dann alles vermischen.
4 Blatt Gelatine in kaltem Wasser einweichen.
3 EL des Safran-Weingemisches erwärmen und 4 Blatt Gelatine darin auflösen
Safran-Weingemisch halbieren, die aufgelöste Gelatine dem ¼ l Safran-Weingemisch zugeben, gut mischen.
Den Boden der Förmchen etwa 0,5 cm hoch mit der Gelatine ausgießen und in das Tiefkühlfach stellen, bis der Gelatineboden erstarrt ist.
Darauf die Hälfte der rohen Blätter und Blüten verteilen, den Rest der aufgelösten Gelatine zugeben und wieder in das Tiefkühlfach stellen.
Die Shrimps in Olivenöl und Limonensaft sautieren, salzen und pfeffern, abtropfen lassen. Vorgang wiederholen.
Förmchen aus dem Tiefkühlfach nehmen, Shrimps und restliche Blätter sowie Blüten darauf verteilen, mit dem Rest der flüssigen Gelatine übergießen und erneut im Tiefkühlfach fest werden lassen.
Förmchen kurz in heißes Wasser tauchen, Sülzchen stürzen und mit Kerbel-Vinaigrette servieren.
Dazu passt Weißbrot, Sekt oder Chardonnay.

## Kerbel-Vinaigrette

Das Eiweiß des hart gekochten Eis fein hacken.
Zwiebel, entkernte Tomaten und Kerbel fein hacken.
Alle Zutaten mit den Gewürzen, Essig und Öl mischen und etwa 10 Minuten ziehen lassen.

Tipp

Das sensible Kerbelaroma verträgt kein langes Stehenlassen. Die Vinaigrette höchstens 10 Minuten ziehen lassen, sonst leidet der typische Anisgeschmack. Übrig gebliebene Vinaigrette im Kühlschrank aufbewahren und vor dem Servieren mit frisch gehackten Kerbelblättern aufpeppen.

KERBEL

FRÜHLING

# Kerbel-Sauce

Butter schmelzen, die fein gehackten Schalotten darin kurz dünsten, salzen und mit Hühnersuppe und Weißwein löschen. Flüssigkeit auf etwa die Hälfte reduzieren, Obers beifügen und zu einer sämigen Sauce verkochen.
Fein gehackte Kerbelblättchen zugeben, kurz erhitzen, mit einem Pürierstab durchmixen und mit Crème fraîche binden.

1/4 l kräftige Hühnersuppe
1/8 l Weißwein
1/4 l Obers (Sahne)
1 EL Butter
1 EL Crème fraîche
2 gehackte Schalotten
100 g Kerbelblätter, fein gehackt
Salz

Diese Sauce passt hervorragend zu gebratenem Fisch und Huhn.

Nährwertangaben pro 100 g

| | | |
|---|---|---|
| E | | 119 kcal |
| F | | 12 g |
| KH | | 2 g |
| EW | | 2 g |
| Ba | unter | 1 g |
| BE | | 0,2 BE |

KOHLDISTEL

SOMMER

# Italienische Distel-Suppe

250 g Kohldistelblätter
4 Blattstiele von Stangensellerie
2 Tomaten, gehäutet
3 Knoblauchzehen, in Scheiben
1/2 Bund Frühlingszwiebeln, klein geschnitten
2 EL Olivenöl
Salz
ca. 1 l Rindsuppe

Blätter gut waschen, grob zerkleinern und in Salzwasser ca. 5 Minuten kochen, kalt abschrecken und nicht zu fein hacken. Tomaten kurz blanchieren, kalt abschrecken, häuten und vierteln.
Frühlingszwiebeln und Stangensellerie klein schneiden.
Olivenöl erhitzen, das klein geschnittene Gemüse darin kurz anrösten, salzen und mit Rindsuppe aufgießen, ca. 20 Minuten kochen.
Mit Parmesan und Weißbrot servieren.

Diese farbenfrohe, köstliche Suppe kann auch mit grob zerkleinerten Spaghetti oder Suppennudeln serviert werden. Sie sättigt, belastet aber nicht und ist deshalb als ideales Nachtmahl zu empfehlen.

Nährwertangaben pro 100 g

| | | |
|---|---|---|
| E | | 23 kcal |
| F | | 2 g |
| KH | unter | 1 g |
| EW | unter | 1 g |
| Ba | | 1 g |
| BE | | 0,07 BE |

Beta-Karotin 1 mg
reich an Beta-Karotin

# Distel-Soufflé

KOHLDISTEL

SOMMER

- 500 g Kohldistelblätter
- 1/2 l Milch
- 100 g Mehl, glatt
- 60 g Butter
- Salz
- Muskatnuss
- Rosa Pfeffer, frisch gemahlen
- 50 g Parmesan, frisch gerieben
- 5 Eier, getrennt
- Fett für die Soufflé-Form (eine 2 l-Form oder entsprechende Anzahl kleiner Portionsförmchen)

Soufflé-Form (oder Soufflé-Förmchen) einfetten und mit Bröseln (Paniermehl) ausstreuen.
Distelblätter gut waschen, grob zerkleinern (am besten der Länge nach dreiteilen).
In Salzwasser ca. ¼ Stunde lang kochen, abseihen und Blätter gut auspressen.
Nicht zu fein hacken, in einer Schüssel mit Salz und frisch gemahlenem Rosa Pfeffer würzen und beiseite stellen.
Béchamel-Sauce (Zubereitung siehe Seite 110) überkühlen und die 5 Eidotter einrühren. Die Béchamel mit den gehackten Distelblättern vermengen.
Eiweiß mit etwas Salz zu steifem Schnee schlagen und unter die Distel-Béchamel-Masse ziehen.
In eine eingefettete, mit Bröseln bestreute 2-l-Soufflé-Form füllen und im vorgeheizten Backrohr bei 180 °C 35 Minuten backen. Sofort servieren!
Am besten schmeckt das Soufflé mit Weißbrot und einem leichten Rotwein.

Nährwertangaben pro 100 g

| | |
|---|---|
| E | 119 kcal |
| F | 7 g |
| KH | 6 g |
| EW | 7 g |
| Ba | 1 g |
| BE | 0,5 BE |

Beta-Karotin 2 mg
reich an Beta-Karotin

Sammeltipp

60–80 Kahldistelblätter entsprechen 500 g

## Gierschsoufflé, Brennnesselsoufflé

500 g Gierschblätter oder Brennnesselblätter (vor der Verarbeitung blanchieren) statt Kohldistelblätter verwenden, die Zubereitung bleibt gleich.

### Safran-Sauce

- 10 EL Weißwein
- 1 Briefchen Safran
- Salz
- Weißer Pfeffer
- 1/2 l Obers (Sahne)

Safran gut zwischen den Fingern zerreiben, in 2 EL Weißwein auflösen.
Restlichen Weißwein und aufgelösten Safran zufügen, gut umrühren, aufkochen lassen, salzen, pfeffern und Obers zufügen, unter ständigem Rühren um etwa die Hälfte reduzieren.

Nährwertangaben pro 100 g

| | |
|---|---|
| E | 244 kcal |
| F | 25 g |
| KH | 3 g |
| EW | 2 g |
| Ba | 0 g |
| BE | 0,2 BE |

# Kornelkirschen-Chutney

HERBST

300 g Kornelkirschen (ergibt etwa 250 g Fruchtmus)
500 g Äpfel
20 g geschälter Ingwer
150 g Kristallzucker
Prise Salz

2 gut verschließbare Gläser (Inhalt etwa 250 g) in kochendem Wasser sterilisieren und auf einem sauberen Tuch abtropfen lassen.
Kornelkirschen mit ½ l Wasser 15 Minuten weich kochen und durch ein Sieb in einen weiten Topf passieren. Dieses Mus ist dicklich. Den Rückstand nochmals mit ½ l Wasser aufkochen, 5 Minuten kochen lassen und kurz passieren. Den so entstandenen Saft in das Mus einrühren.
Äpfel schälen und klein schneiden, Ingwer schälen und durch eine Knoblauchpresse drücken. Beides zusammen mit dem Zucker und einer Prise Salz zum Kornelkirschenmus geben, aufkochen lassen und 10 Minuten unter ständigem Rühren einkochen. Es soll eine sämige, keinesfalls flüssige Masse entstehen.
Chutney heiß in die sterilisierten Gläser füllen und fest verschließen.

Passt zu gegrilltem Huhn, Wokgerichten, Puten- und Schweinefleisch. Das Chutney ist aber auch ein exquisiter, würziger Brotaufstrich.

Variation

500 g Birnen anstelle der Äpfel nehmen.

Nährwertangaben pro 100 g

| | | |
|---|---|---|
| E | | 68 kcal |
| F | unter | 1 g |
| KH | | 16 g |
| EW | unter | 1 g |
| Ba | unter | 1 g |
| BE | | 1 BE |

LÖWENZAHN

FRÜHLING

# Löwenzahn-Honig

Ansatz
2 Hand voll Löwenzahnköpfe
700 g Feinkristallzucker

Zur Fertigstellung
2 Zitronen

Löwenzahnblüten gut säubern. Sie werden gerne von kleinen, schwarzen Käferchen und anderem Getier besiedelt. Am besten schüttelt man schon während des Pflückens die Blütenköpfe gründlich, so entfernt man von vornherein einen Teil der Insekten. Zu Hause wäscht man die Löwenzahnköpfe kurz, aber gründlich, legt sie zum Abtropfen in ein Sieb und danach auf ein sauberes Geschirrtuch. Durch sanftes Abtupfen mit einem zweiten Geschirrtuch entfernt man das meiste Wasser und auch restliche ungebetene Gäste.
Zucker und Löwenzahnköpfe abwechselnd in ein gut verschließbares Glas schichten (mit einer Schicht Zucker beginnen und enden) und die Mischung 4 Wochen lang an einem warmen Ort ziehen lassen.
Während dieser Zeit beginnt sich der Kristallzucker zu verflüssigen. Am Ende der Ziehzeit sind die Löwenzahnblüten vom Kristallzucker fest umhüllt, das Ganze wird zu einer halb flüssigen Masse.

**Fertigstellung**
Saft von 2 Zitronen in einen weiten Topf geben, den Ansatz (die halb flüssige Masse aus Zucker und Löwenzahnblüten) dazugeben und schmelzen, aber nicht kochen, das dauert ca. 5 Minuten.
Mit Schraubdeckel verschließbare Gläser heiß waschen, auf ein sauberes Tuch stürzen und trocknen lassen.
Löwenzahn-Honig durch ein feines Sieb in die sauberen Gläser füllen und diese gut verschließen.

Das ergibt etwa 1 l Honig. Der Honig ist zuerst flüssig und hellgelb (ähnlich einem Akazien-Honig), er wird nach längerer Lagerung dickflüssiger, goldbraun bis bräunlich wie Waldhonig.

Diese Leckerei ist eine ausgesuchte Köstlichkeit von herrlicher Farbe und reich an Pollen. In hübsche kleine Gläschen abgefüllt, ist der Löwenzahn-Honig ein exklusives Geschenk.

Nährwertangaben pro 100 g

| | | |
|---|---|---|
| E | | 343 kcal |
| F | unter | 1 g |
| KH | | 84 g |
| EW | unter | 1 g |
| Ba | unter | 1 g |
| BE | | 7 BE |

# Löwenzahn-Salat

100 g junge Löwenzahnblätter
100 g Walnusskerne
100 g Gouda-Käse
1 Apfel
etwas Zitronensaft

Senf-Marinade
1/2 TL Salz
1/2 TL Zucker
1 TL Senf
2 EL Aceto balsamico
1/8 l lauwarmes Wasser
4 EL Olivenöl

Löwenzahnblätter gut waschen, in 2-3 cm breite Streifen schneiden und 10 Minuten in lauwarmem Wasser einweichen. Walnusskerne grob hacken, Gouda in etwa 1 cm große Würfel schneiden, Apfel schälen und in etwa 1 cm große Würfel schneiden, mit Zitronensaft beträufeln.
Löwenzahn aus dem Wasser nehmen, gut abtropfen lassen und mit den anderen Zutaten in einer großen Schüssel mischen.
Für die Senf-Marinade Salz, Zucker, Senf, Aceto balsamico und lauwarmes Wasser mischen, gut verrühren. Olivenöl zufügen und zu einer sämigen Marinade verrühren, Marinade über den Salat gießen und gut durchmischen.

Zusammen mit gebuttertem, kräftigem Schwarzbrot ist dieser appetitanregende, gesunde Salat eine wahre Delikatesse und auch ein köstliches Nachtmahl.

Variante

Man lässt Käse und Walnüsse weg, nimmt dieselbe Menge Löwenzahn, einen würfelig geschnittenen Apfel und eine grob geriebene Karotte, die man beide mit Zitronensaft beträufelt. Alles andere bleibt gleich.

Nährwertangaben pro 100 g

| | |
|---|---|
| E | 264 kcal |
| F | 22 g |
| KH | 9 g |
| EW | 7 g |
| Ba | 2 g |
| BE | 0,7 BE |

Beta-Karotin 1 mg
reich an Beta-Karotin

LÖWENZAHN

FRÜHLING

# Löwenzahn-Süppchen

1/2 l kräftige Hühnersuppe
2 Hand voll Löwenzahnblätter (etwa 150 g)
1 kleine Zwiebel
20 g Butter
Salz
1 Karotte
1/8 l Obers (Sahne)

Löwenzahnblätter waschen und klein schneiden, in lauwarmem Wasser mindestens 10 Minuten einweichen.
Karotte schälen und fein reiben.
Zwiebel schälen und fein schneiden, in zerlassener Butter anrösten.
Karotte zufügen und kurz durchrösten.
Löwenzahnblätter aus dem Wasser nehmen und ebenfalls zugeben.
Mit Suppe aufgießen und alles zusammen etwa 20 Minuten kochen lassen.
Anschließend pürieren, Obers zufügen, mit Salz abschmecken und servieren.

Diese Suppe ist ein einzigartiges Geschmackserlebnis, herb und leicht bitter, allerdings so, dass es nicht stört, sondern erfrischt. Außerdem wirkt sie aufgrund der Bitterstoffe appetitanregend und verdauungsfördernd.
Wer es kaum bitter mag, der nimmt nur 1 Hand voll Löwenzahnblätter und wässert diese, klein geschnitten, etwa 20 Minuten lang oder wählt die folgende milde Variante.

## Mildes Löwenzahnsüppchen

200 g gemischte Blätter:
1/2 Hand voll Löwenzahnblätter
1 Hand voll Taubnesselblätter
1 Hand voll Brennnesselblätter
3 EL Crème fraîche statt Obers (Sahne)

Brennnesselblätter blanchieren und fein hacken.
Taubnessel- und Löwenzahnblätter waschen und klein schneiden, es entfällt das Einweichen des Löwenzahns. Blätter zur angerösteten Zwiebel-Karottenmischung geben.
Weitere Zubereitung wie im obigen Rezept, Crème fraîche anstelle von Obers zum Schluss beigeben.

Nährwertangaben pro 100 g

| | |
|---|---|
| E | 69 kcal |
| F | 6 g |
| KH | 2 g |
| EW | unter 1 g |
| Ba | 1 g |
| BE | 0,2 BE |

Beta-Karotin 2 mg
reich an Beta-Karotin

# Herrengold

10 komplette Blütentriebe vom Mädesüß (etwa 50 g Blüten)
1 l Weinbrand oder Cognac

Für die Fertigstellung des Likörs
1/4 l Wasser
250 g Kristallzucker

**Ansatz**
Grobe Blütenstiele der Blütenstände mit der Schere entfernen. Blüten in ein 1-l-Einsiedeglas geben und mit Weinbrand oder Cognac bedecken.
Mindestens 3 Wochen ziehen lassen.

**Fertigstellung**
Zucker und Wasser 15 Minuten lang unbedeckt kochen, die Flüssigkeit auf die Hälfte (etwa 300 ml) reduzieren.
Den Ansatz mit Zuckersirup mischen und in Flaschen füllen
Von den ausgelaugten Blütentrieben einzelne Blüten (ca. 20-30) mit der Schere abschneiden und als Dekoration für den Likör beiseite stellen.

Sammelhilfe
1 Blütenrispe vom Mädesüß liefert etwa 5 g Blüten

Nährwertangaben pro 100 ml

| | |
|---|---|
| E | 226 kcal |
| KH | 18 g |
| BE | 1,5 BE |
| Alkohol | 22 g |

# Mädesüß-Trunk

2 l Wasser
1 Zitrone
Zucker nach Geschmack
2-3 Blütenrispen vom Mädesüß (etwa 15 g), abgerebelt
3 Zweige Rossminze (etwa 25 g), abgerebelt
etwa 1/2 l Weißwein

Minze und Mädesüß etwas zerkleinern, damit es besser auslaugt.
Mit den übrigen Zutaten mischen, mindestens 2 Stunden ziehen lassen.
Gut gekühlt servieren.

Alkoholfreie Blütenlimonade

1/2 l Apfelsaft anstelle des Weißweins nehmen.

Nährwertangaben pro 100 g

| | |
|---|---|
| E | 43 kcal |
| KH | 7 g |
| BE | 0,6 BE |
| Alkohol | 2 g |

MÄDESÜSS

SOMMER

# Kräuterwein

Ansatz

0,7 l Weißwein (z. B. Riesling)
15 g Beifuß, frisch
15 g Mädesüßblüten (ca. 3 Blütenrispen)
10 g Rossminze, frisch

Fertigstellung

3 EL Honig
3 EL Wasser
1/8 l Cognac

Weißwein in ein weites, gut verschließbares Gefäß von mindestens 1 l Fassungsvermögen füllen.
Frische Kräuter fein hacken; falls getrocknete verwendet werden, diese gut zerreiben.
Kräuter zum Wein geben, Gefäß gut verschließen und an einem kühlen Ort eine Woche ziehen lassen, danach abseihen.

**Fertigstellung**

Honig und Wasser mischen und bis kurz vor dem Kochen erhitzen.
Dem Ansatz hinzufügen und Cognac dazugießen.
In eine Flasche füllen und im Kühlschrank aufbewahren.

Nährwertangaben pro 100 ml

| | |
|---|---|
| E | 100 kcal |
| KH | 3 g |
| BE | 0,2 BE |
| Alkohol | 12 g |

# Pikante Teigtäschchen mit Pfeilkresse

PFEILKRESSE

FRÜHLING

Teig
250 g Topfen (Quark), 10 % F.i. Tr.
250 g Margarine
250 g Mehl, glatt
Salz

1 Ei zum Bestreichen

Fülle
200 g Brennnesseln
100 g Pfeilkresse
150 g Provolone, gerieben
50 g Weißbrot (2 Scheiben)
1 EL Milch zum Einweichen
Salz
Weißer Pfeffer

Eventuell 1 EL Hartweizengrieß oder 2 EL Semmelbröseln

Backrohr auf 220 °C Heißluft vorheizen.
Teig: Mehl salzen, mit Margarine abbröseln, Topfen zufügen und rasch zu einem glatten Teig kneten, im Kühlschrank mindestens 30 Minuten rasten lassen.
Fülle: Brennnesseln blanchieren, abseihen und fest ausdrücken – es soll fast kein Wasser mehr anhaften, sonst wird die Masse wässrig.
Brennnesseln und Pfeilkresseblätter fein hacken.
Toastbrot fein zerpflücken, in Milch einweichen.
Provolone fein reiben.
Alles zu den fein gehackten Blättern geben, salzen, pfeffern und mit beiden Händen gut durchmischen. Es soll eine formbare Fülle entstehen. Sollte diese zu weich sein, Hartweizengrieß oder Semmelbröseln hinzufügen.
Teig etwa 3 mm dünn ausrollen und mit einem Glas Scheiben (Ø 10 cm) ausstechen.
Teigränder mit Eiklar bestreichen, mit Fülle belegen, zusammenklappen und auf ein mit Backtrennpapier ausgelegtes Backblech legen, mit verquirltem Ei bestreichen.
Backblech mit kaltem Wasser bespritzen und Tascherln bei 220 °C Heißluft etwa 3 Minuten anbacken, dann Temperatur zurückstellen und bei 175 °C Heißluft 15 Minuten ausbacken.

Dazu passt ein Glas vollmundiger Rotwein, etwa ein im Barrique gereifter Blaufränkischer oder ein schöner Cabernet Merlot.

Nährwertangaben pro 100 g

| | |
|---|---|
| E | 237 kcal |
| F | 19 g |
| KH | 8 g |
| EW | 8 g |
| Ba | 1 g |
| BE | 0,6 BE |

## Fülle für Fleischtiger

200 g Schinken fein gehackt und 100 g Pfeilkresse fein gehackt mit 3 EL Sauerrahm mischen, salzen, pfeffern und 100 g geriebenen Provolone zufügen.

Nährwertangaben pro 100 g

| | |
|---|---|
| E | 251 kcal |
| F | 20 g |
| KH | 6 g |
| EW | 12 g |
| Ba unter | 1 g |
| BE | 0,5 BE |

QUENDEL

SOMMER

# Risotto mit Wildthymian und Rucola an Eierschwammerln

Vorspeise für 4 Personen oder Hauptspeise für 2 Personen

Risotto

300 g Risotto-Reis
1 TL Salz
20 g Butter
1 EL Olivenöl
150 g Rucola
5 g Quendel, abgerebelte Blätter
1 l Suppe (Hühner- oder Rindssuppe)
Weißer Pfeffer
1 EL Obers (Sahne), optional
50 g Parmesan

Sautierte Eierschwammerl

200 g Eierschwammerl (Pfifferlinge), geputzt, grob zerkleinert
2 EL Olivenöl
Salz
Weißer Pfeffer
evtl. 2 EL Suppe

Garnitur

2 EL fein gehackte Quendelblätter und Quendelblüten (optional)

Rucola fein nudelig schneiden, Quendel fein hacken, Parmesan fein reiben.
Olivenöl und Butter erwärmen. Risottoreis zugeben, salzen, pfeffern und gut umrühren.
Suppe zugießen und ständig umrühren, sobald die Masse dicklich zu werden beginnt, Suppe zugeben, dabei immer gut umrühren, bis die ganze Suppe aufgebraucht ist. Wer es üppiger möchte, gibt jetzt 1 EL Obers dazu.
Nudelig geschnittene Rucolablätter und fein gehackte Quendelblätter zufügen, zugedeckt auf ausgeschalteter Platte 8 Minuten ziehen lassen.
Inzwischen Olivenöl erhitzen, Eierschwammerln anbraten, salzen, pfeffern, Platte zurückschalten und Pilze zugedeckt im ausgetretenen Saft etwa 8 Minuten garen, bis die Flüssigkeit verdampft ist. Sollten die Pilze zu trocken sein und wenig Saft abgeben, 2 EL Suppe zugeben.
Parmesan unter das Risotto mengen und mit fein gehackten Quendelblättern und Blüten bestreut sofort gemeinsam mit den Eierschwammerln servieren.
Dazu passt ein Chardonnay.

## Frühlingsrisotto

10 Safranfäden in 2 EL Weißwein auflösen und zur Suppe geben, mit der man das Risotto zubereitet. 40 g junge Bärlauchblätter und 50 g Rucolablätter, beide in etwa 4 mm dünne Streifen geschnitten. Zubereitung wie oben.

Nährwertangaben pro 100 g

| | |
|---|---|
| E | 67 kcal |
| F | 4 g |
| KH | 5 g |
| EW | 2 g |
| Ba | 1 g |
| BE | 0,5 BE |

# Rinderfilets mit Quendel in Rotweinsauce

QUENDEL

SOMMER

Rinderfilets beidseitig pfeffern, salzen und mit einem Großteil des zerkleinerten Quendels einreiben, Rest für die Sauce zurückbehalten.
Öl in einer Pfanne erhitzen, Filets rasch goldbraun anbraten und je nach Geschmack medium oder ganz durchbraten, Filets aus der Pfanne nehmen und warm stellen.
Öl abgießen und Butter im Bratenrückstand aufschäumen, mit Rotwein und etwas Rindsuppe löschen, gut verkochen, restlichen Quendel zufügen, Obers beigeben und zu einer sämigen Sauce einkochen.
Filets in die Pfanne zurückgeben, kurz durchwärmen.
Auf vorgewärmten Tellern mit breiten Bandnudeln servieren.

Dazu trinkt man natürlich den Wein, mit dem man die Sauce zubereitet hat, nämlich den köstlichen Zweigelt.

4 Rinderfilets (Beefsteaks)
2 EL Quendel, frisch, zerkleinert
6 EL Öl zum Anbraten
50 g Butter
1/4 l Rotwein (z. B. Zweigelt)
etwas Rindsuppe
1/4 l Obers (Sahne)
frischer Pfeffer aus der Mühle
Salz

| Nährwertangaben pro 100 g | |
|---|---|
| E | 223 kcal |
| F | 18 g |
| KH | 1 g |
| EW | 14 g |
| BE | 0,1 BE |

ROBINIE

FRÜHLING

# Robinienblüten-Tarte

**Biskuit-Teig**
80 g Mehl, glatt
80 g Kristallzucker
4 Eiklar (Eiweiß)
4 Dotter
Schale von 1/2 Zitrone (gerieben)
Prise Salz

**Belag**
100 g Marillen(Aprikosen)-Marmelade
4 Hand voll Robinienblüten (ohne Blütenstiele)
1/8 l Orangenlikör (z. B. Curaçao)
2 EL Orangenblüten- oder Sonnenblumen-Honig
Fett für eine Tortenform (Ø 25 cm)

**Garnitur**
1/4 l Obers (Sahne), steif geschlagen

Nährwertangaben pro 100 g

| | |
|---|---|
| E | 259 kcal |
| F | 4 g |
| KH | 39 g |
| EW | 6 g |
| Ba unter | 1 g |
| BE | 3 BE |

Tortenform einfetten, Backrohr auf 180 °C vorheizen.

**Biskuit-Teig**

Eiklar mit Salz und Kristallzucker zu Schnee schlagen, Zitronenschale und Dotter unterziehen. Mehl vorsichtig unterheben, die Masse in die Tortenform füllen.
Im vorgeheizten Backrohr bei 180 °C hellbraun backen, bis ein leichter Fingerdruck elastisch erwidert wird.
Tarte herausnehmen und mit erhitzter (eventuell mit Orangen-Likör verdünnter) Marillen-Marmelade bestreichen.
Robinienblüten in Honig und Orangen-Likör etwa 5 Minuten garen (bis Flüssigkeit eingezogen ist) und dann auf der mit Marillenmarmelade bestrichenen Tarte verteilen.
Tarte in Stücke teilen und mit steif geschlagenem Obers reichlich verziert servieren.

Diese sündige Köstlichkeit sieht nicht nur entzückend aus, sie schmeckt auch hervorragend. Herb-würzig und aromatisch, ist sie eine Alternative für alle, die es nicht gar zu süß mögen.

# Gebratener Fisch mit Wildminze

ROSSMINZE

SOMMER

für 2 Personen

2 Filets vom Petersfisch (oder einem anderen festfleischigen Fisch)
3 Zehen vom Jungknoblauch, in dünne Scheiben geschnitten
10 Blatt Rossminze (ersatzweise 3 Blatt Pfefferminze)
6 Stück Cocktail-Tomaten, geviertelt
1/8 l Tomatensaft
Salz
1 EL Mehl, glatt
1-2 EL Olivenöl

Filets salzen und mit der fein gehackten Minze einreiben, ein bisschen etwas für die Sauce übrig lassen.
Filets auf einer Seite bemehlen, in einer Pfanne Olivenöl erhitzen und die Filets rasch knusprig braten, herausheben und warm stellen.
Überschüssiges Öl weggießen, im Bratenrückstand den in dünne Scheiben geschnittenen Knoblauch Farbe nehmen lassen, salzen und mit dem Tomatensaft aufgießen, geviertelte Cocktail-Tomaten zugeben, die restliche Minze einstreuen und kurz (2 Minuten) durchköcheln lassen.
Fischfilets auf vorgewärmte Teller legen und mit der Sauce umkränzen.

Zu diesem farbenprächtigen, leichten Gericht passen Baguette und ein kräftiger Weißwein, beispielsweise ein Chardonnay.

Nährwertangaben pro 100 g

| | |
|---|---|
| E | 99 kcal |
| F | 5 g |
| KH | 2 g |
| EW | 12 g |
| Ba | unter 1 g |
| BE | 0,1 BE |

SCHAFGARBE

FRÜHLING

# Wildkräuterbrot

500 g Vollkornmehl Weizen
250 g Mehl, griffig
1 TL Salz
1 TL Zucker
100 g gemischte Wildkräuter wie Schafgarbe, Taubnessel, Gundermann, Pfeilkresse
50 g Karotten, geschält, fein gerieben
3 EL Olivenöl
1 Päckchen Germ (Hefe) oder Trockengerm
Prise Muskatnuss
1/2 l lauwarmes Wasser

Mehlsorten mischen und mit einer Prise Zucker ein Dampfl (Vorteig) ansetzen.
Wildkräuter gründlich waschen und grob zerkleinern.
Karotte schälen und im Mixaufsatz eines Küchengerätes zerkleinern, grob gehackte Kräuter und Öl zufügen und alles im Mixaufsatz nochmals fein zerkleinern, Mischung in den Vorteig einarbeiten, Muskatnuss und Salz zufügen und mit lauwarmem Wasser zu einem mittelfesten Teig kneten.
1 Stunde gehen lassen.
Laib formen oder Teig in Brotbackform füllen und auf ein eingefettetes oder mit Backtrennpapier ausgelegtes Blech setzen, nochmals gehen lassen.
Mit Wasser bestreichen, in feuchter Hitze bei 175 °C Heißluft 1 Stunde backen.
Aus dem Backrohr nehmen und für etwa 5 Minuten mit feuchtem Tuch umhüllen, damit die Kruste weicher wird.

Nährwertangaben pro 100 g

| | |
|---|---|
| E | 168 kcal |
| F | 3 g |
| KH | 30 g |
| EW | 6 g |
| Ba | 5 g |
| BE | 2,5 BE |

Olivenbrot:
100 g entsteinte schwarze und grüne Oliven unter den fertigen Teig kneten.

# Wildkräutersenf

100 g gelbe Senfkörner
150 g Senfmehl
200 g gemischte Wildkräuter wie: Schafgarbe, Gundermann, Giersch, Pfeilkresse
350 ml Weißweinessig
200 ml Weißwein.
125 g Zucker
1 TL Salz

Gut verschließbare Weck-Gläser auskochen und auf einem sauberen Geschirrtuch trocknen lassen.
Essig, Weißwein, Zucker und Salz aufkochen und die Senfkörner darin 15 Minuten unter Rühren leicht kochen.
Wildkräuter fein hacken und zu den gekochten Senfkörnern geben, nochmals kurz aufkochen.
Am Schluss das Senfmehl dazugeben, Platte zurückschalten, gut durchrühren.
Heiß in die vorbereiteten Gläser füllen und 14 Tage ziehen lassen.

Nährwertangaben pro 100 g

| | |
|---|---|
| E | 160 kcal |
| F | 4 g |
| KH | 21 g |
| EW | 6 g |
| Ba | 3 g |
| BE | 2 BE |

# Schlehen-Zwetschken-Terrine mit Weißwein-Sabayon

SCHLEHDORN

HERBST

6 Portionen

1 Terrinenform bzw. Rehrückenform mit Inhalt 3/4 l

Schlehen-Masse
250 g Schlehen (Roheinwaage) im Ganzen (zuvor eingefroren oder eine Woche abgelegen)
1 reife Birne
Prise Zitronensäure
125 g Kristallzucker
8 EL Portwein
12 Blatt Gelatine

Zwetschken-Einlage
250 g Zwetschken, entsteint, geviertelt
Prise Zitronensäure
4 EL Portwein
4 EL Kristallzucker
1 Zimtstange
2 Stück Sternanis
1/2 l Wasser

Weißwein-Sabayon
1/8 l Weißwein (z. B. Riesling)
50 g Kristallzucker
3 Dotter

Für die Masse ganze Schlehen waschen und mit Wasser bedeckt bei offenem Topf ca. 25 Minuten lang unter Umrühren weich kochen. Das Wasser sollte dabei ziemlich verdampfen. Gekochte Schlehen mittels Passierschwämmchen durch ein Sieb drücken.
Den Rückstand mit Wasser vermengt (gerade soviel, dass eine dickliche Masse entsteht) nochmals 5 Minuten kochen. Masse erneut passieren, den Rückstand samt den Kernen verwerfen.
Birne schälen und in Stücke schneiden, mit Zitronensäure bestreuen und vermischen. Birnenstücke pürieren und mit Schlehen-Mus gut verrühren.
Zucker zufügen und alles leicht erwärmen.
Gelatine in kaltem Wasser einweichen, danach gut ausdrücken.
In erhitztem Portwein Gelatine auflösen und mit dem Schlehen-Birnen-Mus gut vermischen.
Für Einlage Zwetschken entsteinen, vierteln und mit Zitronensäure vermischen.
Portwein mit Wasser und Zucker vermischen und Zwetschken darin mit Zimt und Anis bissfest kochen.
Zwetschken abtropfen lassen.
Die Terrinen- bzw. Rehrückenform mit Öl einfetten und mit Klarsichtfolie auslegen, Zwetschken einfüllen.
Mit Schlehen-Birnen-Mus bedecken und die Terrine im Eiskasten erstarren lassen (dauert ca. 3/4 Stunde).
Für die Weißwein-Sabayon Dotter mit Weißwein und Zucker über Dampf schaumig aufschlagen.

Nährwertangaben pro 100 g

| | |
|---|---|
| E | 134 kcal |
| F | 2 g |
| KH | 26 g |
| EW | 2 g |
| Ba | 3 g |
| BE | 2 BE |

# Schlehen-Likör

SCHLEHE

HERBST

**Ansatz**
Schlehen säubern, die Hälfte im Mixaufsatz grob zerkleinern. In ein weites, gut verschließbares Glas (mindestens 3 l Fassungsvermögen) füllen, die Gewürze zufügen, mit Ansatzkorn und Weinbrand übergießen und verschlossen mindestens 3 Wochen ziehen lassen.
Danach abseihen und mit der Zuckerlösung vollenden.

**Zuckerlösung**
Wasser und Kristallzucker etwa 15 Minuten offen kochen, bis der Sirup etwa auf die Hälfte eingedickt ist.
Dem abgeseihten Ansatz hinzufügen und in gut verschließbare Flaschen füllen.

Variante

Eine andere, etwas teurere Variante ist das Ansetzen des Schlehen-Likörs mit etwa 1,5 l reinem Weinbrand. Dies ergibt einen noch feineren Likör.

Tipp

Dieser köstliche Likör vereint die Herbheit der Schlehen und das feine Aroma von Gewürzen. Je länger der Schlehen-Likör lagert, desto delikater wird er. Mehrjährige Lagerung ergibt einen in Würde gealterten Schlehen-Likör, der einem edlen Portwein in nichts nachsteht.

Tipps: Beim Ansetzen eines Schlehen-Likörs, für den man auch Weinbrand nehmen kann, zerkleinert man am besten die Früchte grob mit einem starken Mixaufsatz. Das ergibt einen aromatischeren Likör. Bei dieser Methode kann aber auch ein Teil der Kerne mit zerkleinert werden. Dies bedeutet, dass Spuren der darin enthaltenen Blausäure-Glykoside durch den Ansatz-Alkohol mit ausgelaugt werden. Dies ist kein Problem, solange man den Likör in Maßen genießt. Auch jeder im Handel erhältliche Kirschlikör enthält Blausäure-Glykoside, wofür der Gesetzgeber Höchstwerte in Lebensmitteln vorsieht.

Ansatz
500 g reife Schlehen
1 l Ansatzkorn (33 Vol %)
1/2 l Weinbrand
2 Zimtstangen
2 Stück Sternanis

Zuckerlösung zur Fertigstellung
500 ml Wasser
350 g Kristallzucker

Nährwertangaben pro 100 ml

| | |
|---|---|
| E | 187 kcal |
| KH | 15 g |
| BE | 1,3 BE |
| Alkohol | 17 g |

# Pikantes Taubnesselsüppchen

1 l kräftige Hühnersuppe
250 g gemischte Wildkräuter, etwa:
1 Hand voll Taubnesselblätter
1 Hand voll Brennnesselblätter
2 Hand voll junge Bärlauchblätter
5 Schafgarbenblätter
Salz
25 g Butter
3 Stück Frühlingszwiebeln
Prise Cayennepfeffer
1/8 l Obers (Sahne)
2 EL Crème fraîche

Garnitur
Taubnesselblüten

Bärlauchblätter, Taubnesselblätter und Schafgarbenblätter waschen und fein hacken.
Brennnesselblätter blanchieren und ebenfalls fein hacken.
Frühlingszwiebeln in dünne Ringe schneiden.
Butter zerlassen und Frühlingszwiebeln darin anrösten.
Gehackte Kräuter zufügen und mit Suppe aufgießen.
Salz und Cayennepfeffer beigeben, etwa 20 Minuten kochen lassen.
Obers und Crème fraîche zufügen und nochmals erhitzen.
In Suppentassen füllen und mit den Taubnesselblüten bestreut servieren.

Diese Suppe schmeckt besonders kräftig durch den Bärlauch und pikant durch den Cayennepfeffer. Anstatt mit Taubnesselblüten kann man sie auch mit getoasteten Weißbrotwürfeln bestreuen.

Nährwertangaben pro 100 g

| | |
|---|---|
| E | 51 kcal |
| F | 5 g |
| KH | 1 g |
| EW | 1 g |
| Ba | 1 g |
| BE | 0,1 BE |

FRÜHLING

# Ravioli mit Wildkräuterfülle

**Nudelteig**
Mehl auf ein Brett geben und in der Mitte eine Mulde machen.
Die restlichen Zutaten in die Mulde geben und mit einem Tortenmesser grob miteinander vermischen.
Anschließend Teig mit beiden Händen so lange kneten, bis er nicht mehr klebrig ist (dauert etwa 10-15 Minuten).
Teig in einer Schüssel mit einem Küchentuch bedeckt bei Zimmertemperatur rasten lassen.

**Fülle**
Kräuter und Blüten waschen und die groben Stiele entfernen, etwa 1 Minute in Salzwasser blanchieren, abseihen und kalt abspülen.
Mit beiden Händen fest ausdrücken, fein hacken.
Ricotta mit den gehackten Kräutern sowie Muskatnuss vermischen, geriebenen Provolone dazugeben, mit Salz abschmecken und gut vermengen. Es entsteht eine formbare Masse.
Den Nudelteig in 2 bis 4 Teile teilen und mit einer Nudelmaschine (Stärke 5) oder einem Rollholz auswalken.
Eine Teigplatte in regelmäßigen Abständen mit der Fülle (gut 1 Kaffeelöffel voll) belegen und die zweite Teigplatte darüber legen. Ravioli ausschneiden und Teigenden fest andrücken.
Übertrocknen lassen. Die Masse ergibt 30-35 Ravioli.
Ravioli etwa 5 Minuten in Salzwasser kochen.
Mit gebräunter Butter, Provolone-Flocken und mit Blüten garniert servieren.

Nudelteig
400 g Mehl glatt
Salz
3 Eier
3 Eidotter
1/16 l Olivenöl

Fülle
100 g gemischte Wildkräuter, etwa:
40 g Brennnesseln
25 g Taubnessel und Goldnessel
15 g Schafgarbe und Gundermann
20 g Bärlauchblüten
250 g Ricotta (wenn möglich italienischen)
100 g Provolone, gerieben
Salz
Prise Muskatnuss

| Nährwertangaben pro 100 g | |
|---|---|
| E | 193 kcal |
| F | 14 g |
| KH | 8 g |
| EW | 9 g |
| Ba | 1 g |
| BE | 0,7 BE |

Vitamin C 15 mg
reich an Vitamin C

VEILCHEN

FRÜHLING

# Veilchen-Bowle

0,7 l Weißwein
2 Hand voll Veilchenblüten
etwa 3 EL Feinkristallzucker

Veilchenblüten in einer kleinen Schüssel mit dem Feinkristallzucker vorsichtig mischen und etwa 10 Minuten ziehen lassen.
Zum Weißwein geben, durchmischen und etwa 30 Minuten ziehen lassen.
Eventuell nachsüßen und mitsamt den Blüten entweder pur oder mit Mineralwasser vermischt genießen.

Variante

Eine elegante Variante ist die Verfeinerung mit Sekt oder Frizzante. Dies ergibt einen besonders spritzigen und in jeder Hinsicht belebenden Genuss.

Nährwertangaben pro 100 ml

| | |
|---|---|
| E | 23 kcal |
| KH | 5 g |
| BE | 0,4 BE |
| Alkohol | 12 g |

VEILCHEN

FRÜHLING

# Veilchen-Essig

1 Hand voll Veilchenblüten
1/2 l guter Weißwein-Essig

Blüten säubern und, falls sie gewaschen werden, anschließend trocknen lassen.
Blüten in den Weißwein-Essig geben und etwa 1 Woche ziehen lassen (schattig, kühl).

Der Essig nimmt einen zartrosa Farbton und ein feines Veilchen-Aroma an. Die Blüten verlieren ihre Farbe und werden hellrosa, später weißlich. Nach Ende des Ziehzeit kann man die Blüten entfernen, was aber nicht unbedingt nötig ist. Ich finde es hübscher, wenn man sie in der Flasche belässt.
Wichtig ist es, diesen Veilchen-Essig umgehend zu verbrauchen, weil er sein Aroma bald verliert. Am besten ist er noch im Frühling. Im Winter ist er bereits weniger aromatisch, aber immer noch gut. Das nächste Frühjahr sollte er allerdings nicht erleben.

# Weißdorn-Pudding mit Vanillesauce

WEISSDORN

HERBST

Für den Pudding Früchte mit Wasser bedeckt unter ständigem Rühren etwa 20 Minuten weich kochen, bis das Wasser ziemlich verdunstet ist. Keine Angst, anfänglich verströmen Weißdornfrüchte einen leicht fischigen Geruch, der aber beim Kochen rasch verschwindet.
Weißdornfrüchte mittels Holzschwämmchen durch ein Passiersieb drücken.
Rückstand mit Wasser versetzen und unter Rühren nochmals 10 Minuten lang kochen und erneut passieren. Rückstand und Kerne verwerfen.
Birne schälen, in Stücke schneiden, diese mit Zitronensäure bestreuen und pürieren.
Birnen-Mus mit Weißdorn-Mus gut verrühren. Das Weißdorn-Mus erhält eine bordeauxrote Farbe.
Zucker zusetzen und leicht erwärmen, damit er sich löst.
Äpfel schälen, in gefällige Stückchen schneiden, diese mit etwas Zitronensäure bestreuen und in Weißwein mit 3 EL Kristallzucker bissfest kochen.
Apfelstückchen abseihen und leicht überkühlen lassen.
Anschließend vorsichtig unter das Weißdorn-Birnen-Mus ziehen.
Gelatine in kaltem Wasser einweichen. Portwein erhitzen und Gelatine darin auflösen, unter das Weißdorn-Birnen-Mus rühren.
Das Mus in eine verschließbare Puddingform füllen, im Kühlschrank erstarren lassen (dauert ca. ½ Stunde).
Puddingform in heißes Wasser tauchen, auf eine Platte stürzen, dabei entsteht auch etwas rote Sauce, die den Pudding umkränzt.
Pudding mit einem Messer, das vorher in heißes Wasser getaucht wurde, teilen.

Man kann ihn auch mit Vanillesauce servieren

**Weißdorn-Pudding**
350 g Weißdornfrüchte, ganz (zuvor eingefroren oder 1 Woche liegen gelassen)
1 weiche Birne
100 g Kristallzucker
Prise Zitronesäure

**Einlage**
2 mürbe Äpfel
3 EL Kristallzucker
1/8 l Weißwein

12 Blatt Gelatine
8 EL Portwein

**Vanillesauce**
1/2 l Milch
50 g Kristallzucker
25 g Maizena
Prise Salz
1 Vanillefrucht (Mark)

| Nährwertangaben pro 100 g | |
|---|---|
| E | 103 kcal |
| F | 1 g |
| KH | 20 g |
| EW | 2 g |
| Ba | 2 g |
| BE | 2 BE |

Säurearm, reich an Schutzstoffen, Pektin und Ballaststoffen

WIESENKNOPF

SOMMER

# Zaziki mit Wiesenknopf

Blätter vom Kleinen Wiesenknopf von der derben Mittelrippe abrebeln, nur die kleinen Blättchen verwenden, diese fein hacken.
Gurke schälen und nudelig hobeln (mittels Gemüsehobel), einsalzen und etwa 5 Minuten ziehen lassen.
Gehobelte Gurke in ein Geschirrtuch geben und gut auspressen, in einer Schüssel mit Zitronensaft, Schafmilchjoghurt und Wiesenknopf vermengen.
In Schälchen anrichten und mit einigen Tropfen Olivenöl sowie mit je einer schwarzen Olive garniert servieren.

Zu dieser Vorspeise passen Weißbrot, ein leichter Rotwein italienischen Typs oder ein Barrique-Weißwein.

10 g Blätter vom Kleinen Wiesenknopf (1 Hand voll)
1 Gurke
1 1/2 TL Salz
Saft einer 1/2 Zitrone
1/2 l Schafmilchjoghurt (möglichst kompakt und nicht wässrig)

Garnitur
1 EL Olivenöl
4 schwarze Oliven

Nährwertangaben pro 100 g

| | |
|---|---|
| E | 81 kcal |
| F | 6 g |
| KH | 4 g |
| EW | 3 g |
| Ba | unter 1 g |
| BE | 0,3 BE |

# GLOSSAR

*Ausdauernd:* Eine ausdauernde Pflanze lebt mehrere Jahre und blüht und fruchtet gewöhnlich jährlich.

*Ausläufer:* Ober- oder unterirdische (Seiten)Sprosse, die der Pflanze zur ungeschlechtlichen (vegetativen) Vermehrung dienen.

*Fieder:* ein Blättchen, ein Abschnitt eines Fiederblattes.

*Blattknoten:* Ansatzstelle eines Blattes am Stängel (Sprossachse) der Pflanze.

*Blattrosette:* Die Blätter der Pflanze  sind nicht über einen Stängel (Sprossachse) verteilt, sondern am Boden dicht zusammengedrängt.

*Blattscheide* Die verbreiterte und /oder verlängerte Basis eines Blattstieles bzw. Blattes.

*Blattspreite:* Blattfläche

*Blausäure-Glykoside:* Substanzen, die im Körper zu giftiger Blausäure umgewandelt werden können, aber nur in höherer Dosierung zu Vergiftungen führen.

*Blütenköpfchen, Blütenkopf, Blütenkörbchen:* Botanisch dadurch gekennzeichnet, dass viele Einzelblüten auf einem Blütenboden sitzen..

*Blütenstand:* Der Teil einer Pflanze, welcher die Blüten trägt. Blütenstände, wie Körbchen, Scheindolde, Doppeldolde, Rispe etc., sind sehr unterschiedlich gebaut, aber typisch für die einzelnen Pflanzen.

*Doppeldolden:* Regelmäßige, aus Dolden aufgebaute Blütenstände. Dolden sind dadurch gekennzeichnet, dass die blütentragenden Stängel (Achsen) stark verlängert sind und aus einem Punkt entspringen.

*Fiederblatt:* Setzt sich, so wie jedes andere Blatt, aus dem Blattstiel und der Blattfläche zusammen. Diese besteht aus mehreren getrennten Blättchen oder Fiedern, die an einer zentralen Mittelrippe sitzen. Man sagt auch: Dieses Blatt ist „gefiedert".

*Fruchtstand:* Entwickelt sich aus einem Blütenstand. Beim Löwenzahn z. B. werden die winzigen gelben Blüten des Körbchens zu kleinen Flug-Früchten mit einem fallschirmartigen Haarkranz. So entsteht die „Puste-Blume".

*Gerbstoffe:* Wirken eiweißfällend und „schmecken" zusammenziehend (adstringierend). Wirken stopfend bei Durchfällen.

*Knöllchenbakterien:* Bakterien, die in der Lage sind, Luft-Stickstoff zu binden, und in Symbiose mit den Wurzeln bestimmter Pflanzen leben.

*Lectine, Lektine:* Eiweißstoffe mit einem Zuckerrest. Der Name kommt vom lateinischen „legere" = auswählen, weil manche Lectine mit den roten Blutkörperchen bestimmter Blutgruppen reagieren. Diese gesundheitlich kritischen Substanzen sind typisch für die rohen Samen vieler Hülsenfrüchtler (Fabaceae), wie Bohne, Erbse etc., werden aber durch das Kochen zerstört. Nur in wenigen Fällen, etwa bei der Robinie, sind die Samen wirklich giftig und dürfen keinesfalls verwendet werden.

*Lippenblüte:* Zweiseitig symmetrische Blüte mit lippenartigem Kronrand, typische Blüte der Lippenblütler (Lamiaceae) sind z. B. Rossminze, Thymian, Dost und Taubnessel.

*Meligethes spp.( Nitidulidae):* Kleine schwarze Käfer in den Blütenköpfen vom Löwenzahn. Diese Käfer kommen mit vielen Arten in Mitteleuropa vor. Sie besuchen bevorzugt gelbe Blüten der Korbblütler und Hahnenfußgewächse.

*Mulchschicht, Mulch:* Schicht aus Rindenstücken, zerkleinertem Stroh, Torf, die man auf den Boden aufbringt. Sie verhindert das Aufkommen von unerwünschten Pflanzen.

*Nebenblätter (Stipeln):* Zwei kleine Blättchen an der Basis des Blattstieles. Typisch für die Heckenrose und die Brennnessel.

*Nektar:* Zuckerhältiger Pflanzensaft. Besteht hauptsächlich aus Wasser und verschiedenen, häufig pflanzenspezifischen Zuckern.

*Nitrat:* Stickstoffhältige Substanz, die für die Pflanze zum Gedeihen notwendig ist. Sie wird von Mirkoorganismen im Boden gebildet und vom Menschen bewusst als mineralischer Dünger, Kompost etc. in die Erde eingebracht. Manche Pflanzen (Brennnessel oder der Gute Heinrich), speichern das Nitrat in ihrem

Pflanzenkörper. Ein Entfernen der Blattstiele verringert, so wie das Blanchieren, den Nitratgehalt deutlich.

*Pannonikum:* Wärmebegünstigtes Gebiet in der Ungarischen Tiefebene und den benachbarten Hügellandschaften mit charakteristischen Pflanzen. In Österreich gehören das östliche Niederösterreich, Wien und das nördliche Burgenland diesem Vegetationstyp an.

*Pektine:* Gelierfähige Substanzen, die beispielsweise in Wildfrüchten in größerer Menge vorkommen. Sie beeinflussen nicht nur das Gelierverhalten der aus ihnen hergestellten Produkte positiv, sondern senken auch den Cholesterinspiegel.

*Pfahlwurzel:* Kräftig entwickelte Hauptwurzel.

*Phytotherapie* Eine Behandlungsform, die mit pflanzlichen Arzneimitteln, sogenannten Phytopharmaka, arbeitet.

*Procyanidine:* Gerbstoffähnliche Pflanzeninhaltsstoffe mit unterschiedlicher Wirkung. So sind beispielsweise die im Weißdorn enthaltenen Procyanidine herzwirksam und werden bei Erkrankungen von Herz und Herzkranzgefäßen eingesetzt.

*Protoanemonin:* Substanz, die nur im frischen Pflanzensaft wirksam ist; reizt Haut und Schleimhäute.

*Pyrrolizidinalkaloide:* Alkaloide sind stickstoffhältige Pflanzeninhaltsstoffe von kompliziertem chemischem Bau und häufig stark giftiger Wirkung. Von ihnen sind besonders die Pyrrolizidinalkaloide zu nennen, weil sie Krebs auslösen können. Sie sind nicht akut giftig, stellen aber durch die Anreicherung in der Nahrung ein Risiko dar. Der Huflattich und die Beinwell-Arten enthalten besonders viel davon und sollten deshalb nicht gegessen werden.

*Rhizom (Wurzelstock):* Ein(e) Spross(achse), der (die) waagrecht, knapp unterhalb der Erdoberfläche wächst. Dient der Pflanze als Nährstoffspeicher und Überdauerungsorgan.

*Rispe, rispenähnlicher Blütenstand:* Blütenstand, bei dem die Verzweigung von unten nach oben kontinuierlich abnimmt und der deshalb kegelförmigen Umriss besitzt (z. B. Brennnessel).

*Ruderalstandort:* Ein durch den Menschen stark veränderter Standort im Bereich menschlicher Siedlungen ohne geschlossene Pflanzendecke und ohne Nutzung, z. B. Wegränder, Müllplätze, Ödland, Brachen, aber auch Bahn- und Hafenanlagen sowie Pflasterritzen. Häufig stickstoffreich (Nitrat) und von etlichen Wildspinat-Pflanzen bevorzugt, z. B. Brennnessel, Weißer Gänsefuß, Rau-Fuchsschwanz.

*Saponine:* Naturstoffe mit seifenähnlichem Charakter. Verschiedene Wirkungen, beispielsweise hustenlösend und harntreibend. Nur in hoher Dosierung und unter bestimmten Umständen giftig.

*Schmetterlingsblüte:* Die Blüte erinnert in ihrer Form an einen Schmetterling und ist typisch für die Schmetterlinsblütler (Fabaceae), wie etwa die Robinie.

*Schötchen:* Frucht der Kreuzblütler (Brassicaceae), z. B. der Pfeilkresse, die höchstens dreimal so lang wie breit ist und bei der Reife in zwei Teile zerfällt.

*sp., spp.:* Art, bzw. Arten

*Thujon:* Flüchtiger Bestandteil mancher ätherischen Öle. Kommt im Wermut in größerer, im Beifuß in geringerer Menge vor. Thujon ist in hoher Dosierung giftig.

*Unpaarig gefiedert:* Ein Fiederblatt ist dann unpaarig gefiedert, wenn ein endständiges Blättchen (Endfieder) vorhanden ist.

*Vegetative Nebentriebe (Schafgarbe:* Nicht blühende Seitentriebe am blühenden Haupttrieb.

*Vegetative Vermehrung Ungeschlechtliche Vermehrung:* Die Pflanze vermehrt sich nicht durch Früchte oder Samen, die nach der Blüte gebildet werden, sondern anders, z. B. durch Ausläufer. Siehe auch unter Ausläufer.

*Zwiebel:* Ein Speicher- und Überdauerungsorgan der Pflanzen. Eine Zwiebel besteht aus speichernden, verdickten, stark abgewandelten Blättern, die auf einem gestauchten Stängel (Sprossachse) sitzen.

*Zwitterblüte:* Besitzt Staubblätter und Stempel, also männliche und weibliche Geschlechtsorgane.

# Weiterführende Literatur


## Bestimmen und selbst anbauen

FISCHER, M., ADLER, W., OSWALD, K. 2007. Exkursionsflora für Österreich, Liechtenstein, und Südtirol. 3. Auflage. Linz : Oberösterreichische Landesmuseen.

HESS, H. E. 1991. Bestimmungsschlüssel zur Flora der Schweiz und angrenzender Gebiete. 3., überarbeitete Auflage. Basel-Boston-Berlin: Birkhäuser.

PIRC, H. 2004. Wildobst im eigenen Garten. Graz, Stuttgart: Leopold Stocker Verlag.

ROTHMALER, W. 2005. Exkursionsflora von Deutschland. Band 4 (Gefäßpflanzen: Kritischer Band), 10. Auflage. München: Spektrum Akademischer Verlag. (Band 2 der Reihe ist ein Abbildungsband.)

SCHMEIL, O., FITSCHEN, J. 2000. Flora von Deutschland und angrenzender Länder. 91., überarbeitete Auflage. Wiesbaden: Quelle & Meyer.

DÜLL, R., KUTZELNIGG, H. 1994. Botanisch-ökologisches Exkursionstaschenbuch. 5., überarbeitete und ergänzte Auflage. Wiesbaden: Quelle & Meyer.

PODHAJSKÁ, Z., RIVOLA, M. 1992. Die große Enzyklopädie der Wildpflanzen. Erlangen: Karl Müller.

SCHLOSSER et al. 1991. Wildpflanzen Mitteleuropas. Nutzung und Schutz. Berlin: Deutscher Landwirtschaftsverlag.

## Heil- und Giftpflanzen

FROHNE, D., PFÄNDER, H. J. 2004. Giftpflanzen. Ein Handbuch für Apotheken, Ärzte, Toxikologen und Biologen. 5. Auflage. Stuttgart: Wissenschaftliche Verlagsgesellschaft.

HOLZNER, W. (Hrsg.) 1985. Das kritische Heilpflanzenbuch. Wien: Orac.

LÄNGER, R., KUBELKA, W. 2001/02. Phytokodex. Pflanzliche Arzneispezialitäten in Österreich. Gablitz : Krause & Pachernegg GmbH.

LÄNGER, R., SCHILLER, H. 2004. Gesundheit aus der Naturapotheke. Richtiger Umgang mit pflanzlichen Arzneimitteln. Wien, New York: Springer.

TEUSCHER, E., LINDEQUIST, U. 1994. Biogene Gifte. Biologie-Chemie-Pharmakologie. 2. Auflage. Stuttgart-Jena-New York: G. Fischer.

WICHTL, M. 2002. Teedrogen und Phytopharmaka. 4. Auflage. Stuttgart: Wissenschaftliche Verlagsgesellschaft.

# Register